Viaje al Español

UNIVERSIDAD DE
RADIOTELEVISIÓN

1

VERSIÓN INTERNACIONAL

Cuaderno de actividades

Santillana

Viaje al español es un curso multimedia creado y producido conjuntamente por Radiotelevisión Española (RTVE) y la Universidad de Salamanca.

Coordinador general: Dr. Víctor García de la Concha
(Universidad de Salamanca)

El **Cuaderno de Actividades 1** *es una obra colectiva concebida, diseñada y creada por el Departamento de Idiomas de Editorial Santillana, S.A.*

En su realización han intervenido:

Redacción: Mercé Pujol Vila
Rosa María Rialp Muriel

Ilustración: Paloma Auffray y Jorge Rodríguez (dibujos)
Archivo Santillana (fotografías interiores)
Inge y Arved von der Ropp (fotografía de portada)

Diseño de portada, composición y maquetación: Equipo Santillana

© 1991 de RTVE, Madrid
y Universidad de Salamanca
© 1993 de Santillana, S.A., Madrid
Elfo, 32. 28027 Madrid

Impreso en España
Talleres Gráficos Mateu Cromo, S.A.
Ctra. de Pinto a Fuenlabrada, s/n. Pinto (Madrid)
ISBN: 84-294-3619-7
Depósito Legal: M. 8799-1993

Quedan rigurosamente prohibidas, sin la autorización escrita de los titulares del «Copyright», bajo las sanciones establecidas en las leyes, la reproducción total o parcial de esta obra por cualquier medio o procedimiento, comprendidos la reprografía y el tratamiento informático, y la distribución de ejemplares de ella mediante alquiler o préstamo públicos.

Índice

Unidad 1	**Soy Juan Serrano**		5
	Primera parte		6
	Segunda parte		7
	En resumen		8
Unidad 2	**Calle de Goya, 7**		9
	Primera parte		10
	Segunda parte		11
	En resumen		12
Unidad 3	**¿Dónde está?**		13
	Primera parte		14
	Segunda parte		15
	En resumen		16
Unidad 4	**¿De quién es?**		17
	Primera parte		18
	Segunda parte		19
	En resumen		20
Unidad 5	**¿A dónde va Juan?**		21
	Primera parte		22
	Segunda parte		23
	En resumen		24
Unidad 6	**De "tú", por favor**		25
	Primera parte		26
	Segunda parte		29
	En resumen		30
Unidad 7	**¿De dónde vienes?**		31
	Primera parte		32
	Segunda parte		33
	En resumen		34
Unidad 8	**Van a llegar**		35
	Primera parte		36
	Segunda parte		37
	En resumen		38
	Repaso 1		39

Índice

UNIDAD 9 ¿Quién es ése? 43
    Primera parte 44
    Segunda parte 45
    En resumen 46

UNIDAD 10 ¿Qué día es hoy? 47
    Primera parte 48
    Segunda parte 49
    En resumen 50

UNIDAD 11 ¿Cuánto cuesta éste? 51
    Primera parte 52
    Segunda parte 55
    En resumen 56

UNIDAD 12 Pero, ¿qué es usted? 57
    Primera parte 58
    Segunda parte 59
    En resumen 60

UNIDAD 13 ¿Tiene algo para la garganta? 61
    Primera parte 62
    Segunda parte 63
    En resumen 64
    Repaso 2 65

Transcripción de la casete B 71

Vocabulario 75

Mapa autonómico de España 79

Unidad 1 — Soy Juan Serrano

1. Escriba sus datos y pregunte a su compañero/a los suyos.

A: *¿Cómo te llamas?*
B: *Me llamo...*
A: *¿De dónde eres?*
B: *Soy de...*
A: *¿A qué te dedicas?*
B: *Soy...*

A	
Nombre:	
Nacionalidad:	
Profesión:	

B	
Nombre:	
Nacionalidad:	
Profesión:	

2. Relacione.

Buenos días	Tarde	Comida
Buenas tardes	Noche	Desayuno
Buenas noches	Mañana	Cena

3. Escriba los saludos.

1. ___ días. / ___ .
2. RESTAURANTE ___ / Adiós, buenas ___ / ___
3. ___ / ___ .
4. ___ noches. / Adiós, ___ / Buenas ___

Primera parte

ANTES

4. Complete el diálogo con las palabras del recuadro.

| por favor | buenos días | soy | perdón | hola | encantada |

MEGAFONÍA: Tren situado en vía cinco, "Viaje al Español".

PRESENTADOR: _____ ... ¡Oiga, por favor! Hola. Soy Luis Cánovas. Bienvenidos a "Viaje al Español".

AZAFATA: _____ ... Oiga... Oiga, por favor.

PRESENTADOR: ¿Sí? Dígame.

AZAFATA: _____. Por favor, ¿"Viaje al Español"?

PRESENTADOR: Sí, sí, buenos días. _____. _____ Luis Cánovas.

AZAFATA: _____. Yo _____ Marta Rosales.

PRESENTADOR: ¿Qué tal? Por aquí, por aquí.

5. Lea el diálogo anterior con su compañero/a.

DESPUÉS

6. Marque la respuesta correcta.

1. ¿Dónde están?
   a) En un tren. ☐
   b) En un coche. ☐
   c) En una casa. ☐
   d) En la calle. ☐

2. ¿Cuándo es?
   a) Por la mañana. ☐
   b) Por la tarde. ☐
   c) Por la noche. ☐
   d) No se sabe. ☐

3. ¿Cómo se llama el hombre?
   a) Luis Cánovas. ☐
   b) Juan Serrano. ☐
   c) Carmen Alonso. ☐
   d) Fernando Pérez. ☐

Segunda parte

ANTES

7. Presente a sus compañeros/as entre ellos/as.

8. Juan y Laura son amigos. Están en una fiesta. Escuche y complete.

LAURA: ¡Hola, Juan! ¿Qué tal?

JUAN: Muy bien, Laura. ¿Y tú?

LAURA: Bien, gracias… Pasa, pasa. Estamos celebrando una fiesta en casa. Es el cumpleaños de mi _____ Sara. Ven, voy a presentarte a toda mi familia. Sara, éste es Juan, un _____ mío.

JUAN: _____ .

SARA: Encantada.

LAURA: Y éste es mi _____ Javier. Javier… Éste es Juan.

JAVIER: ¡Ah, hola! ¿Qué tal?

JUAN: Bien, gracias.

LAURA: Y éstos son mis _____, Teresa y Francisco. Éste es Juan, un amigo.

FRANCISCO: Mucho gusto, joven.

JUAN: _____ .

Unidad 1

DESPUÉS

9. Marque la respuesta correcta.

1. ¿Dónde están?
   - a) En un bar ☐
   - b) En la cafetería del tren. ☐
   - c) En un compartimento del tren. ☐

2. ¿Cómo se llama ella?
   - a) Carmen Alonso. ☐
   - b) María Ruiz. ☐
   - c) Consuelo Alés. ☐

3. ¿Cómo llamamos a un camarero?
   - a) ¡Juan, oye! ☐
   - b) Dígame. ☐
   - c) ¡Oiga, por favor! ☐

4. ¿Quién es Mercedes?
   - a) Una amiga de Juan. ☐
   - b) La madre de Carmen. ☐
   - c) La mujer de un amigo de Carmen. ☐

5. ¿Qué hacen Juan y Carmen?
   - a) Desayunan. ☐
   - b) Comen. ☐
   - c) Cenan. ☐

EN RESUMEN

¿Qué dice en las siguientes situaciones?

1. Entra en clase por la mañana.
   — _____
   — ¡Hola!

2. Llega un alumno nuevo a clase.
   — _____
   — Me llamo Dan.

3. Sale de clase y se despide.
   — _____
   — ¡Adiós!

4. Le presentan al director de la escuela.
   — Éste es el señor Marín, el director de la escuela.
   — _____

Unidad 2   Calle de Goya, 7

1. Relacione.

BARCELONA	**TARIFA TAXI**	AÑO 1992 Pesetas
	carrera mínima 1.920 m	**250**
	Hora espera	**1.800**
🛒 ♿ 🐕	55 x 35 x 35 cm	Gratuito Obligatorio
	Laborables 6-22 hs	**70**
	Sábados festivos 6-22 hs	**86**
	Laborables y festivos 22-6 hs	**96**
	Percepción mínima de los trayectos con origen en el Aeropuerto 1.000,— ptas. (incluido carrera mínima, suplemento de salida y maletas).	
	Suplementos	
✈	Aeropuerto Entradas-Salidas	**300**
🧳	Maleta o similar + 55 x 35 x 35 cm	**100**
🐕	Perros (Discrecional)	**125**

Consultas y aclaraciones E.M.T. Tel. 412 00 00

Primera parte

ANTES

2. Son las doce de la noche. Varias personas necesitan un taxi y llaman al servicio de Radio-Taxi. Escuche las conversaciones y complete la ficha de cada cliente.

Cliente 1

Nombre: _____

Calle: _____

Número: _____ Piso: _____ Puerta: _____

Teléfono: _____

Cliente 2

Nombre: _____

Calle: _____

Número: _____ Piso: _____ Puerta: _____

Teléfono: _____

Cliente 3

Nombre: _____

Calle: _____

Número: _____ Piso: _____ Puerta: _____

Teléfono: _____

DESPUÉS

3. ¿Verdadero (V) o falso (F)?

1. El novio de Carmen se llama Óscar. ☐
2. Carmen y Óscar tienen la maleta de Juan. ☐
3. Juan coge un taxi. ☐
4. El taxista es un hombre. ☐
5. En Madrid, los taxis son de color negro. ☐

Segunda parte

ANTES

4. Reproduzca con su compañero/a una conversación entre una persona que necesita un taxi (cliente) y el servicio de Radio-Taxi.

Conversación 1

A: Radio-taxi

¿(Nombre)?
¿(Calle)?
¿(Piso)?
¿(Teléfono)?

(texto invertido)

B: Cliente

Juan Serrano
Calle Goya, 7
1º, 2ª
236 84 32

Conversación 2

A: Cliente

Carmen Alonso
Calle Conde Borrell, 10
5º, 2ª
312 45 80

(texto invertido)

B: Radio-taxi

¿(Nombre)?
¿(Calle)?
¿(Piso)?
¿(Teléfono)?

5. Complete.

¡Hola! ¿Qué tal?
Yo estoy muy bien. Ahora _____ aquí, en Madrid. _____ español en una escuela cinco días a la semana, de _____ a _____.
    Mi _____ es:
    Hotel «La Cibeles».
    C/ Atocha, 9.
    28010 Madrid.
¿Y tú, qué haces ahora?
Espero tu carta pronto.
    Besos
        Pedro

Marta García Fernández

C/ Galileo, 1, 1º, 4ª

08028 Barcelona

DESPUÉS

6. Marque la respuesta correcta.

1. ¿Qué quiere Juan?
   - a) Ver a Carmen. ☐
   - b) Saludar a Óscar. ☐
   - c) Su maleta. ☐
   - d) Pasear en taxi por Madrid. ☐

2. ¿A dónde va Juan?
   - a) A su casa. ☐
   - b) A casa de Carmen. ☐
   - c) A Madrid. ☐
   - d) A la calle de Goya, 7. ☐

3. ¿Qué le pide el policía a Óscar?
   - a) Su teléfono. ☐
   - b) Su dirección. ☐
   - c) Su documentación. ☐
   - d) Nada. ☐

EN RESUMEN

Escriba a una amiga española que no tiene noticias suyas. Déle además su nueva dirección.

Unidad 2

Unidad 3 — ¿Dónde está?

1. Todas estas letras son palabras desordenadas. Descubra cuáles son y escriba el número de cada palabra donde corresponde.

1. A R C N E S O S
2. A L P P E R E A
3. F C I I O A N
4. T L E É F N O O
5. R E P C E C N I Ó
6. E M R S P E A
7. S C T E R E A R A I
8. F J E E

Primera parte

ANTES

2. Llame por teléfono a una amiga y pregunte por ella.

CASA DE SU AMIGA
(¿Diga?)
(¿De parte de quién?)
(Un momento, por favor.)

USTED
(De...)
(¿Está...?)

3. Escuche y complete.

1. — ¿Diga?
   — ¿Está _____?
   — En este momento no está.

2. — ¿Diga?
   — ¿Está _____?
   — Sí, un momento, por favor.

3. — ¿Diga?
   — ¿Está _____?
   — ¿De parte de quién?
   — De _____

DESPUÉS

4. Marque la respuesta correcta.

1. Juan está en...
   - a) unas oficinas. ☐
   - b) un hospital. ☐
   - c) un hotel. ☐

2. Juan quiere ver a...
   - a) Roberto Mauri. ☐
   - b) Diego Ibarra. ☐
   - c) Carmen Alonso. ☐

3. Carmen...
   - a) trabaja en la oficina. ☐
   - b) va a visitar a unos amigos. ☐
   - c) quiere ver a Juan Serrano. ☐

Segunda parte

ANTES

5. Pregunte a su compañero/a por estos lugares o monumentos.

1. A: *¿Dónde está esta plaza?*
   B: *Está en Salamanca. Es la Plaza Mayor.*

A
1. esta plaza
2. esta fuente
3. este jardín
4. esta torre
5. esta catedral

B
1. La Plaza Mayor (Salamanca).
2. La Cibeles (Madrid).
3. La Alhambra (Granada).
4. La Giralda (Sevilla).
5. La Sagrada Familia (Barcelona).

6. Pregunte a su compañero/a dónde están colocados diferentes objetos de la clase.

A: *¿Dónde está el bolígrafo?*
B: *Está en la mesa.*

Unidad 3

7. Complete este cheque.

Viaje al Español
SALAMANCA

CÓDIGO CUENTA CLIENTE (C. C. C.)
ENTIDAD | OFICINA | D.C. | NÚM. DE CUENTA
0001 | 2233 | 9 5 | 0000001234

PTAS. _#13.000#_

PÁGUESE POR ESTE CHEQUE A*l portador*
PESETAS _____

VAE 34.723.913   *Barcelona,*   DE   *noviembre*   DE 19*93*
(Lugar y fecha en letra)

¶34.723.913¶ 2233¶ 0000001234¶

DESPUÉS

8. ¿Verdadero (V) o falso (F)?

1. En la oficina hay mucho trabajo. ☐
2. El profesor Serrano quiere recoger un sobre. ☐
3. Carmen y Juan no se conocen. ☐
4. Diego piensa que ellos se conocen. ☐

EN RESUMEN

Complete este resumen de la Telecomedia de las unidades 1, 2 y 3 con las palabras del recuadro.

| cafetería | coge | conoce | desayunan | estación |
| Madrid | oficinas | trabajar | viaje | |

Juan Serrano _____ a Carmen Alonso en un tren que va a _____.

Por la mañana ellos _____ en la misma mesa de la _____ del tren. Allí, Carmen ve a unos amigos.

Carmen y Juan llegan a la _____ de Madrid y ven a Óscar, que espera a Carmen. Óscar y Carmen se van en coche y sin querer se llevan la maleta de Juan. Juan _____ un taxi y les sigue hasta la calle Goya para pedirles su maleta.

En la calle Goya, 7 hay unas _____ donde van a _____ Carmen y Juan. Diego Ibarra les presenta, pero ellos ya se conocen de su _____ en tren.

Unidad 4 ¿De quién es?

1. En esta sopa de letras hay escondidas siete palabras. Búsquelas y luego complete los textos del dibujo.

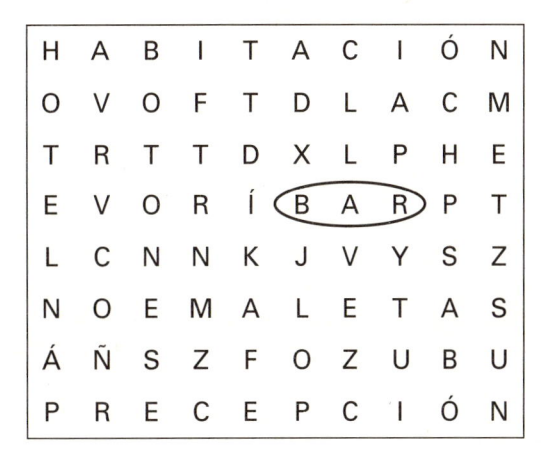

H	A	B	I	T	A	C	I	Ó	N
O	V	O	F	T	D	L	A	C	M
T	R	T	T	D	X	L	P	H	E
E	V	O	R	Í	B	A	R	P	T
L	C	N	N	K	J	V	Y	S	Z
N	O	E	M	A	L	E	T	A	S
Á	Ñ	S	Z	F	O	Z	U	B	U
P	R	E	C	E	P	C	I	Ó	N

Su _____.
_____ 321.

En el _____ España.

Primera parte

ANTES

2. Pregunte a sus compañeros/as cómo se escriben sus nombres.

A: *Peter, ¿cómo se escribe tu nombre?*
B: *Se escribe Pe-e-te-e-erre.*

3. Conteste a las siguientes preguntas.

Una, dos..., tres. Esta maleta no es mía. ¿De quién es? *(yo)*
Es mía.

1. ¡Qué niños más guapos! ¿De quién son? *(nosotros)*
   _____

2. El coche azul es de Luis, el verde es mío...
   ¿Y el rojo? ¿De quién es el coche rojo? *(Juan)*
   _____

3. ¿De quién son esas gafas? *(yo)*
   _____

4. Mis padres están de vacaciones en un apartamento en la playa.
   ¿Tienen un apartamento? *(ellos)*
   No, no es _____, es de mi hermana.

5. ¿De quién es ese libro? *(Marta)*
   _____

DESPUÉS

4. Conteste a estas preguntas relacionadas con la Telecomedia.

1. ¿Dónde está Juan?
   _____

2. ¿Qué quiere Juan?
   _____

3. ¿Cuáles son sus apellidos?
   _____

4. ¿Cómo se escribe su segundo apellido?
   _____

Segunda parte

ANTES

5. Juan, Isabel y María están en una fiesta en casa de Mercedes. Es la hora de irse y Mercedes les da sus abrigos. Escuche y marque.

	JUAN	ISABEL	MARÍA
chaqueta			
abrigo			
marrón			
blanco, -a			
negro, -a			

6. Está usted en un bar con unos/as amigos/as y piden al camarero lo que desean. El camarero vuelve con lo que van a tomar y les pregunta de quién es cada cosa. Contéstenle.

A: *¿De quién es el café con leche?*
B: *Mío.*

DESPUÉS

7. Responda a las siguientes preguntas relacionadas con la Telecomedia.

1. ¿Dónde está la cafetería del hotel?
   _____
2. ¿Qué va a tomar Juan?
   _____
3. ¿Cuál es el número de teléfono del hotel?
   _____
4. ¿A quién busca el botones en la cafetería?
   _____

8. ¿Quién dice las frases siguientes?

1. ''¿El señor Serrano?'' _____
2. ''¿Qué va a tomar?'' _____
3. ''Un café con leche.'' _____
4. ''¿Qué teléfono tiene el hotel, por favor?'' _____
5. ''¿De quién es este café?'' _____
6. ''Perdón.'' _____

Unidad 4

9. Usted piensa pasar un fin de semana en Granada. Quiere reservar habitación en un hotel. Llame por teléfono y hable con el/la recepcionista.

A: CLIENTE	B: RECEPCIONISTA
2. (saludos)	1. Hotel Alhambra. (saludos)
3. (habitación doble)	4. ¿(cuándo)?
5. (fin de semana)	6. ¿(tiempo)?
7. (dos noches)	8. De acuerdo. ¿(nombre)?
9. (nombre)	10. ¿Cómo se escribe?
11. (deletrear) ¿(precio)?	12. 3.500 ptas/noche
13. (aceptar)	14. (despedida)
15. (despedida)	

Ayuda: Quería...
¿Para cuándo/cuánto tiempo?
Para + fecha/tiempo.
¿Cómo se llama?

Me llamo...
¿Cuánto...?/¿Cuál es el precio?
Vale, de acuerdo.

EN RESUMEN — **Numere las frases, ordenándolas de acuerdo con la Telecomedia.**

☐ Juan va al bar del hotel y desde allí llama a Carmen.

☐ Juan tiene trabajo en Madrid en la misma empresa que Carmen.

☐ Carmen va a su casa, donde viven ella, su madre y su hermano David.

☐ David contesta al teléfono y le dice a Carmen que es su novio.

☐ Juan va a un hotel y pide una habitación individual con baño.

☐ Pero Óscar llega a casa de Carmen. Ella está hablando por teléfono con Juan.

Unidad 5   ¿A dónde va Juan?

1. ¿Qué dice en las siguientes situaciones?

1. Está en una reunión y quiere fumar.
   _____

2. Encuentra a unos amigos en un bar y quiere sentarse con ellos.
   _____

3. Está en casa de un amigo y necesita llamar por teléfono.
   _____

4. Quiere entrar en la oficina de su jefe.
   _____

2. Pregunte a su compañero/a a dónde va.

1. A: *¿A dónde vas?*
   B: *Voy a una fiesta.*

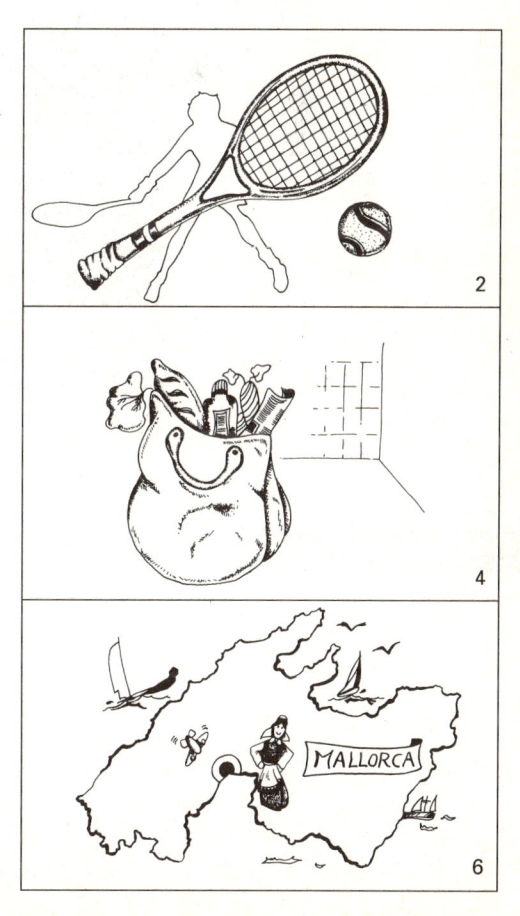

A | B

Primera parte

ANTES

3. Conteste a estas preguntas.

1. ¿Hay alguna farmacia cerca de su casa?
   _____

2. ¿Hay algún aeropuerto en su ciudad?
   _____

3. ¿Hay alguna línea de metro cerca de la escuela?
   _____

4. ¿Hay muchos coches en su calle?
   _____

5. ¿Hay algún armario en su habitación?
   _____

6. ¿Hay alguna gasolinera en su calle?
   _____

7. ¿Hay algún hospital en su ciudad?
   _____

8. ¿Hay algo en su frigorífico?
   _____

4. Escriba a dónde va este fin de semana y con quién. Después cuénteselo a su compañero/a.

Este fin de semana, _____
_____
_____

DESPUÉS

5. Ordene las frases siguientes, numerándolas de acuerdo con la Telecomedia.

☐ El coche no funciona.
☐ Juan busca un taller.
☐ El mecánico está en el pueblo.
☐ Un motorista lleva a Juan al pueblo.
☐ En la lata no hay aceite.
☐ En el maletero hay una lata de aceite.

Segunda parte

ANTES

6. La mujer de la limpieza va a ir a su casa. Escriba una nota dándole las instrucciones que aparecen en el recuadro.

> – (ir) a la farmacia y (comprar) medicinas para el niño
> – (comprar) naranjas en la frutería
> – en casa, (lavar) los platos, (limpiar) las ventanas y (planchar) las camisas
> – (recoger) al niño a las cinco en el colegio

Teresa, por favor, vaya a la farmacia y

7. Es usted el jefe de una importante empresa y hoy tiene mucho trabajo. Pida ayuda a su secretaria, la señorita Sonsoles, y déle una serie de órdenes. Escríbalas.

— ¡Señorita Sonsoles!

1. (Coger el teléfono)
   — _____

2. (Llamar al señor Gutiérrez)
   — _____

3. (Reservar un billete de avión para Berlín)
   — _____

4. (Dar el número de teléfono de las oficinas CODEX, S.A.)
   — _____

Unidad 5

DESPUÉS

8. Responda a las siguientes preguntas relacionadas con la Telecomedia.

1. ¿Qué le pasa al coche de Juan y Carmen?

2. ¿Qué le dice Juan al mecánico?

3. ¿Qué le ofrece el motorista a Juan?

4. ¿Dónde está Juan?

5. ¿Quién gana la carrera?

6. ¿Por qué?

7. ¿Qué le pasa ahora al coche?

9. Ponga en cada una de las frases siguientes el número de la conversación a la que corresponde.

☐ Preguntar a alguien a dónde va.
☐ Preguntar si hay alguna cosa.
☐ Preguntar dónde se encuentra alguna cosa.
☐ Ofrecer algo de beber.
☐ Pedir permiso.

EN RESUMEN

Complete el siguiente resumen de la Telecomedia.

Juan y Carmen tienen que hacer un trabajo juntos en _____. Van en coche por una carretera de la isla, pero el coche no _____ y Juan va a buscar un _____. En ese momento hay un maratón en Palma. El _____ del taller es un _____ del maratón y Juan va detrás de él varios kilómetros para hablar con él. _____ de la meta ve a Carmen en el coche. ¡El _____ funciona! Corre detrás del coche y llega el primero a la _____.

Unidad 6 — De "tú", por favor

1. Escribe el número o la letra del dibujo que corresponde a cada palabra.

OBJETOS

- [5] arena
- [ ] agua
- [ ] sombrilla
- [ ] traje de baño
- [ ] toalla
- [ ] bronceador
- [ ] pelota
- [ ] gafas de sol
- [ ] radio
- [ ] periódico
- [ ] barco
- [ ] sol

ACCIONES

- [ ] bañarse
- [ ] tomar el sol
- [ ] jugar
- [ ] leer
- [ ] escuchar
- [ ] comer
- [ ] bailar
- [ ] secarse
- [ ] nadar
- [ ] pasear
- [ ] dormir
- [ ] trabajar

26

Primera parte

ANTES

2. Mira otra vez el dibujo anterior. Pregunta a tu compañero/a qué está haciendo cada personaje.

1. los chicos de la radio
   A: ¿Qué están haciendo los chicos de la radio?
   B: Están bailando.

2. la señora del periódico
3. las señoras en traje de baño
4. los niños de la pelota
5. el señor de la sombrilla
6. la chica que está tumbada
7. el niño de la toalla
8. las niñas de los pantalones cortos
9. el chico que está en el agua

3. En esta casa viven cuatro personas: Luis, Alicia, Andrés y Victoria. Fíjate en el dibujo y pregunta a tu compañero/a qué está haciendo cada personaje. Escribe la respuesta.

1. A: ¿Qué está haciendo Luis?
   B: Está haciendo la cena.

1. LUIS: _____
2. ALICIA: _____
3. ANDRÉS: _____
4. VICTORIA: _____

4. Vas a oír cuatro diálogos. Identifica a los personajes de los dibujos. Escribe la letra y el nombre.

Diálogo 1	Diálogo 2

Diálogo 3	Diálogo 4

5. Relaciona cada personaje con la frase que dice. Después, marca el tratamiento, de "tú" o de "usted", empleado por cada uno.

	TÚ	USTED
_5_ "Déjame el último disco de Mecano." 1. POLICÍA	✓	
___ "Llame al señor López." 2. DIRECTORA		
___ "Ve a casa de tu tío." 3. CAMARERO		
___ "Déme su pasaporte." 4. RECEPCIONISTA		
___ "Dígame." 5. AMIGO		
___ "Déjeme ver su documentación." 6. FAMILIAR		

DESPUÉS

6. Contesta a las siguientes preguntas relacionadas con la Telecomedia.

1. ¿Dónde están todos?
   _____

2. ¿Qué están haciendo los niños?
   _____

3. ¿Quién es Álvaro?
   _____

4. ¿Dónde van Álvaro y la niña?
   _____

5. ¿Con quién están los niños?
   _____

6. ¿Quién se está bañando?
   _____

7. Completa las frases con los imperativos, afirmativos o negativos, de los verbos indicados.

1. *(tú/preocuparse)* _____ por los niños.
2. *(vosotros/molestar)* _____ a los señores.
3. *(tú/escuchar)* _____ el sonido del mar.
4. *(tú/hablar)* _____ de usted.
5. *(tú/tocar)* _____ la cámara de vídeo.

8. Ordena cada una de las frases siguientes.

1. chocolate - comas - más - No
   _____

2. fumes - No - más
   _____

3. escuches - música - No - alta - tan - la
   _____

4. compra - y - aspirinas - farmacia - la - Ve - a
   _____

5. Bebe - después - comer - de - agua
   _____

Segunda parte

ANTES

9. **Estás en un restaurante con los padres de tu novio/a. Pídeles lo que necesites y ofréceles lo que te pidan.**

   A: ¿Me pasa la ensalada, por favor?   Pide: sal, agua, hielo.
   B: ¿Quiere la ensalada? Tome.   Ofrece: aceite, vino, pan.

DESPUÉS

10. **Completa el siguiente diálogo de la Telecomedia.**

    NIÑO 1: Tengo hambre.

    NIÑO 2: Yo también tengo hambre.

    NIÑA 2: Y yo.

    NIÑO 1: Y yo ¡_____ a casa!

    JUAN: ¿A casa?

    NIÑO 1: Sí, es aquélla.

    CARMEN: ¿Y tus padres?

    NIÑO 1: No están.

    CARMEN: ¿Y la comida entonces?

    NIÑO 1: La hacemos nosotros. ¡_____!

    NIÑA 2: Éstas son demasiado pequeñas y ésas, demasiado grandes.

    NIÑO 2: Es verdad. _____.

    CARMEN: _____ dos tomates.

    NIÑO 1: ¿Verdes o rojos?

    CARMEN: Rojos, rojos.

    NIÑO 1: ¿Éstos?

    NIÑA 1: No, no, _____.

    CARMEN: Bueno.

    NIÑO 3: No, no. Trae. ¿_____ agua?

    JUAN: Sí, gracias.

    CARMEN: ¿_____ _____ el apio?

    NIÑO 1: ¿_____ _____ _____?

    NIÑA 1: Mira, _____ _____ el apio.

    JUAN: _____ la sal.

    NIÑO 2: Sí, sí. Toma.

    JUAN: ¡Toma!

    CARMEN: ¡Cuidado!

Unidad 6

11. Lee el diario de María Ángeles y haz una lista de las cosas que hace normalmente.

> *Querido diario:*
>
> *Hoy voy a escribir lo que siempre me dicen mis padres.*
>
> *Cuando estoy escuchando música en mi cuarto, siempre me preguntan «¿Qué estás haciendo?»; entonces les contesto «Estoy escuchando música» y ellos me dicen «Baja la radio, por favor». Cuando me estoy vistiendo para salir con mis amigos, me preguntan «¿Qué estás haciendo?»; yo contesto «Me estoy vistiendo» y ellos me dicen «No te pongas esa falda tan corta». Cuando estoy comiendo algo porque tengo hambre, me preguntan «¿Qué estás comiendo?», contesto «Estoy comiendo un plátano» y ellos me dicen «No comas nada antes de la cena». Cuando me estoy duchando, me preguntan «¿Qué estás haciendo?», contesto «Me estoy duchando» y ellos me dicen «No tardes porque necesito entrar». Y cuando estoy hablando por teléfono con una amiga y me preguntan «¿Qué estás haciendo?», yo contesto «Estoy hablando por teléfono»; entonces ellos me dicen «Cuelga porque estamos esperando una llamada». En fin, yo creo que cuando me preguntan qué estoy haciendo, ellos ya lo saben. ¿Por qué siempre les contesto?*

Escuchar la música muy alta.
_____
_____
_____
_____
_____

EN RESUMEN

Completa el siguiente resumen de la Telecomedia con las palabras que creas correctas.

Juan y Carmen siguen en Mallorca. Esta vez encuentran a unos niños que están jugando en la playa con ____ _____ Álvaro. Álvaro tiene que ir al pueblo para llevar a ____ _____ ____ _____. Mientras, los niños, Juan y Carmen se bañan en la playa. Pasa la tarde, se hace de noche y todos tienen hambre. Como los padres de los niños no están en casa, Carmen y Juan _____ _____ _____. Después de cenar, cuando ____ _____ _____ _____, Álvaro llega del pueblo. La niña tiene alergia. ¿Tú tienes alergia a algo?

Unidad 7 ¿De dónde vienes?

1. ¿Qué sabes de las islas Baleares? Habla con tu compañero/a.

LAS ISLAS BALEARES

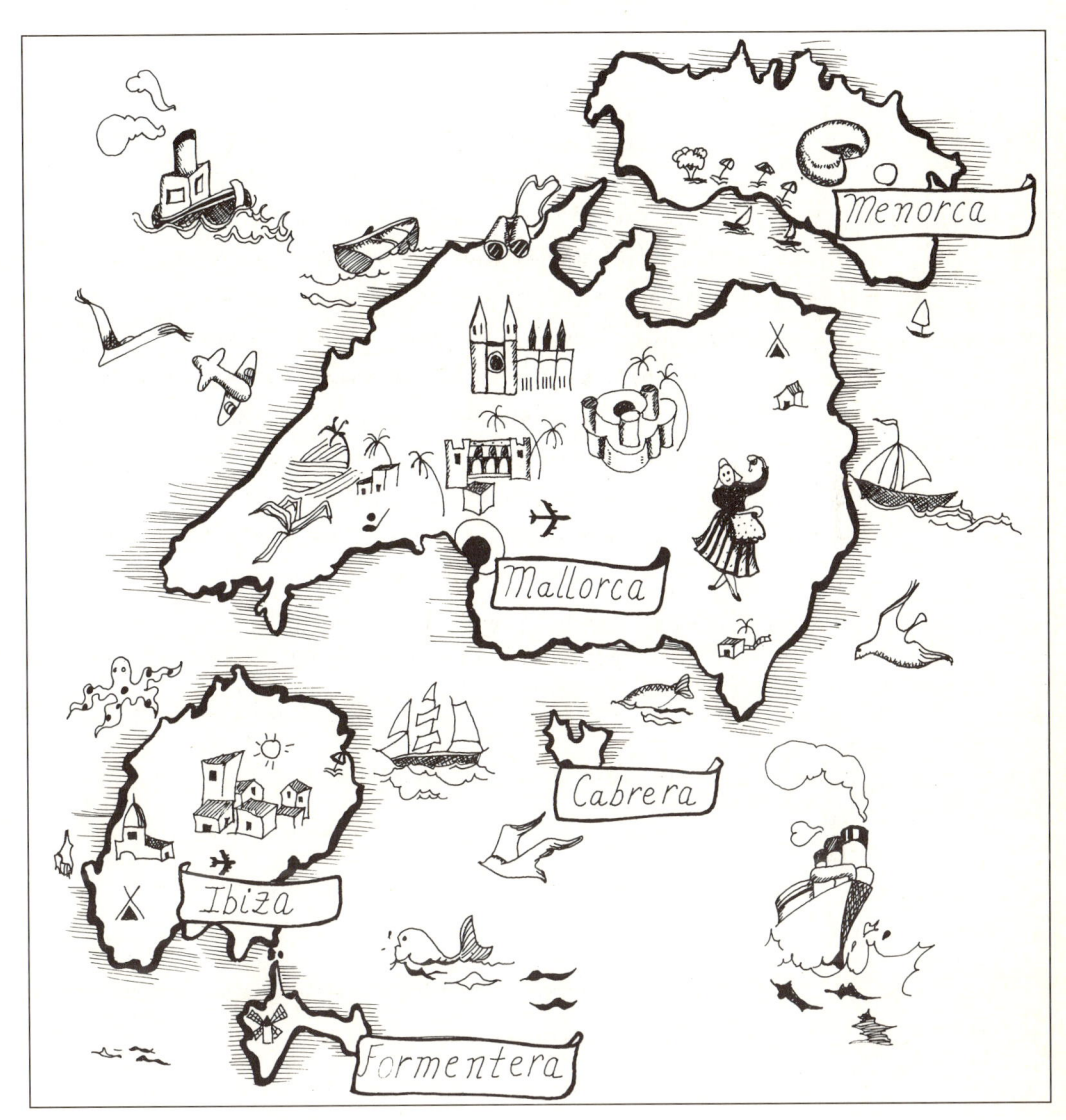

2. Lee y escucha el siguiente texto.

Mallorca es una isla del mar Mediterráneo con playas muy bonitas. Hay puertos deportivos donde se pueden practicar deportes náuticos: vela, surfing, esquí acuático... Muchos turistas van allí de vacaciones. El rey de España y su familia pasan allí sus vacaciones de verano porque pueden hacer deporte o pasear en barco.

La ciudad más importante de las Baleares es Palma de Mallorca. Se puede ir a Palma en avión o en barco. En Palma se puede visitar la catedral y el casco antiguo. En la zona comercial se puede comprar el producto típico de la isla: las perlas. En la alimentación, son típicas las ensaimadas y la sobrasada. En estos momentos Palma es una de las ciudades más ricas de España.

Primera parte

ANTES

3. Escucha y completa las conversaciones siguientes.

1. — Juan, ¿_____ _____?
   — ¿Qué?
   — ____ ____ quieres cenar.
   — ¡Ah, sí! Ya voy.

2. — "El tren Talgo procedente ____ _____ va a efectuar su entrada _____ ____ _____ _____."
   — ¿Qué han dicho?
   — ____ ____ _____ de Madrid va a entrar por la vía cinco.

3. — Señorita, mis maletas no están aquí.
   — ¿____ _____ _____?
   — ¿Cómo dice?
   — ____ ____ _____ viene.
   — De Amsterdam.

DESPUÉS

4. Responde a las siguientes preguntas relacionadas con la Telecomedia.

1. ¿Qué le pasa a Teresita con el grupo?
   _____

2. Y, ¿qué le pasa con el hotel?
   _____

3. ¿Dónde está su hotel?
   _____

4. ¿Qué piensa Teresita de Carmen?
   _____

5. ¿Y de la ciudad?
   _____

6. Cuando Carmen dice "Por favor, ¿dónde está la catedral?", ¿qué contesta la turista?
   _____

7. ¿Y el guardia?
   _____

Segunda parte

ANTES

5. Escribe el nombre de los productos típicos de Baleares.

1. _____   2. _____   3. _____

6. Vuelve a escuchar el ejercicio 2 y luego responde a estas preguntas.

1. ¿Por qué van los turistas a Mallorca?
   _____

2. ¿Qué deportes se pueden practicar en Mallorca?
   _____

3. ¿Qué se puede visitar en Palma?
   _____

4. ¿Cómo se puede ir a Mallorca desde tu ciudad?
   _____

5. ¿Qué productos típicos se pueden comprar en Mallorca?
   _____

7. Contesta a las siguientes preguntas.

a) ¿Qué no se puede hacer en un hospital?

   En un hospital no se puede _____
   _____

b) ¿Qué se puede hacer en un parque?

   En un parque se puede _____
   _____

8. Escribe las cantidades que oigas.

1. _____
2. _____
3. _____

Unidad 7

DESPUÉS

9. ¿Verdadero (V) o falso (F)?

1. Juan y Carmen son novios. ☐
2. Teresita viene de Palma. ☐
3. Carmen lleva un vestido de color rojo. ☐
4. El vestido es un regalo de Juan. ☐
5. Teresita cena con Juan y Carmen. ☐
6. Las gambas cuestan dos mil pesetas. ☐

10. Estás en una fiesta. La música está muy alta y tú intentas hablar con un/a desconocido/a.

A
1. Saluda. Pregunta su nombre.
3. Repite pregunta.
5. Tu nombre.
   Pregunta su nacionalidad.
7. Repite pregunta.
9. Pide repetición.
11. Tu nacionalidad.
13. Repite respuesta.
15. Pide repetición.
17. Pide nueva repetición.
19. Acepta.

B
2. No entiendes. Pide repetición.
4. Tu nombre.
   Pregúntale el suyo.
6. Pide repetición.
8. Tu nacionalidad.
10. Repite respuesta.
12. Pide repetición.
   Pregunta nacionalidad.
14. Invita a tomar algo.
16. Repite invitación.
18. Repite invitación.

EN RESUMEN

Ordena las frases siguientes, numerándolas de acuerdo con la Telecomedia.

☐ Visitan la ciudad.
☐ Teresita encuentra a Carmen y Juan.
☐ Teresita hace fotos a Carmen y Juan.
☐ Un ciclista tiene un accidente.
☐ Teresita encuentra a su grupo.
☐ Teresita se pierde en Palma.
☐ Carmen, Juan y Teresita se encuentran en un restaurante.
☐ Carmen y Juan se van solos.
☐ Teresita cena con Carmen y Juan.

Unidad 8 — Van a llegar

1. Escucha y luego atribuye a cada dibujo el número del diálogo que le corresponde.

2. Haz una lista de cinco cosas que puedes pedir a un/a desconocido/a y cinco que puedes pedir a un/a amigo/a. Luego, pídele a tu compañero/a esos objetos; él/ella te dirá si puede darte o no lo que le pides.

A un/a desconocido/a
A: ¿Me da fuego, por favor?/Déme fuego, por favor.
B: Sí, tome./Lo siento, no fumo.

A un/a amigo/a
A: ¿Me das fuego, por favor?/Dame fuego, por favor.
B: Sí, toma./Lo siento, no fumo.

A un/a desconocido/a	A un/a amigo/a
1.	1.
2.	2.
3.	3.
4.	4.
5.	5.

Primera parte

ANTES

3. Marca en cada caso la palabra adecuada.

1. — No te oigo, ¿puedes hablar más | fuerte / arriba / alto | ?
   — Sí, claro.

2. — ¿Cuánto es?
   — | Son / Es / Cuesta | 140 pesetas.

3. — No me gusta hablar con Jaime por teléfono porque habla muy rápido y no le entiendo.
   — Pues dile "Jaime, más | lento / despacio / alto |, por favor".

4. — Perdón, es que yo bajo en la próxima parada, ¿me deja pasar, por favor?
   — ¡ | Pase, pase / Pasa, pasa / Pasas, pasas | !

DESPUÉS

4. Responde a estas preguntas relacionadas con la Telecomedia.

En la peluquería

1. ¿Cuánto le cuesta a Juan la peluquería?
   _____

2. ¿Cómo puede pagar?
   _____

3. ¿Cómo decide pagar?
   _____

En casa de Carmen

4. ¿De dónde viene David?
   _____

5. ¿Dónde está la caja de herramientas?
   _____

6. ¿Qué pasa en la cocina?
   _____

Segunda parte

ANTES

5. **¿Qué necesitas para hacer estas cosas? Relaciona.**

1. coser/pantalones rotos
2. enviar/carta
3. limpiar/herida
4. arreglar/escape de agua
5. viajar/extranjero

___ alcohol
_1_ aguja e hilo
___ pasaporte
___ sobre y sello
___ fontanero

Escribe ahora las frases completas.

1. *Para coser unos pantalones rotos, necesito aguja e hilo.*
2. _____
3. _____
4. _____
5. _____

6. **¿Qué van a hacer? Escríbelo.**

1. La señora Pradas *va a comprar.*
2. Maite _____
3. Julián _____
4. La señora Rodríguez _____
5. La señora Matea _____
6. Gerardo Miró _____

7. Los personajes del dibujo anterior vuelven a su casa. ¿De dónde vienen?

1. *La señora Pradas viene del supermercado.*
2. _____
3. _____
4. _____
5. _____
6. _____

DESPUÉS

8. Ordena cada una de las frases siguientes poniendo los verbos en la forma correcta.

1. Juan - a - peluquería - (ir) - la - y - tarjeta - con - (pagar).
   _____

2. En - Carmen - casa - de - la - escape - (haber) - un - de - agua.
   _____

3. Juan - Óscar - y - (llevar) - tarta - una.
   _____

EN RESUMEN

Completa el siguiente resumen de la Telecomedia con las palabras del recuadro.

| tarta | van a | agua | no puede | comida | peluquería | llegan | hay |

Carmen tiene invitados. Juan y Óscar _____ _____ comer a su casa. Antes de ir a comer Juan va a la _____ y después compra una _____ para los postres. Mientras, Carmen está preparando la _____ pero tiene problemas con el _____. Intenta arreglar el grifo pero ___ _____. Olvida que tiene la comida en el horno y ¡claro!... se quema. Es tarde, _____ los invitados y no hay comida.

¿Qué crees tú que van a hacer todos ahora?

Repaso 1

1. Pregunta a tu compañero/a quién es cada personaje y de dónde es.

A: *¿Quién es el número...?*
B: *Es...*
A: *¿De dónde es?*
B: *Es de...*

1  2  3  4

Personajes	Países
Gabriel García Márquez	Colombia
Montserrat Caballé	Guatemala
Rigoberta Menchú	Cuba
Fidel Castro	España

2. Completa los siguientes diálogos.

1. — ¡Hola! ¿Qué tal?

   — ¡Hola! ¿De dónde _____? *(tú-venir)*

2. — ¿A dónde _____ ahora? *(vosotros-ir)*

   — _____ a tomar una copa. ¿Quieres venir? *(nosotros-ir)*

   — Sí, vale.

3. — ¿A dónde _____ a cenar? *(nosotros-ir)*

   — No sé, … ¿_____ a un restaurante chino? *(nosotros-ir)*

   — Sí, muy buena idea.

4. — ¿De dónde _____? *(ustedes-venir)*

   — _____ del cine. *(nosotros-venir)*

5. — ¿A dónde _____ con esas flores? *(tú-ir)*

   — _____ a casa de una amiga. *(yo-ir)*

6. — ¿A dónde _____ con ese vestido? *(ella-ir)*

   — Es que _____ de una fiesta de disfraces. *(ella-venir)*

3. Escribe una postal a un/a amigo/a español/a, contándole qué estás haciendo estos días.

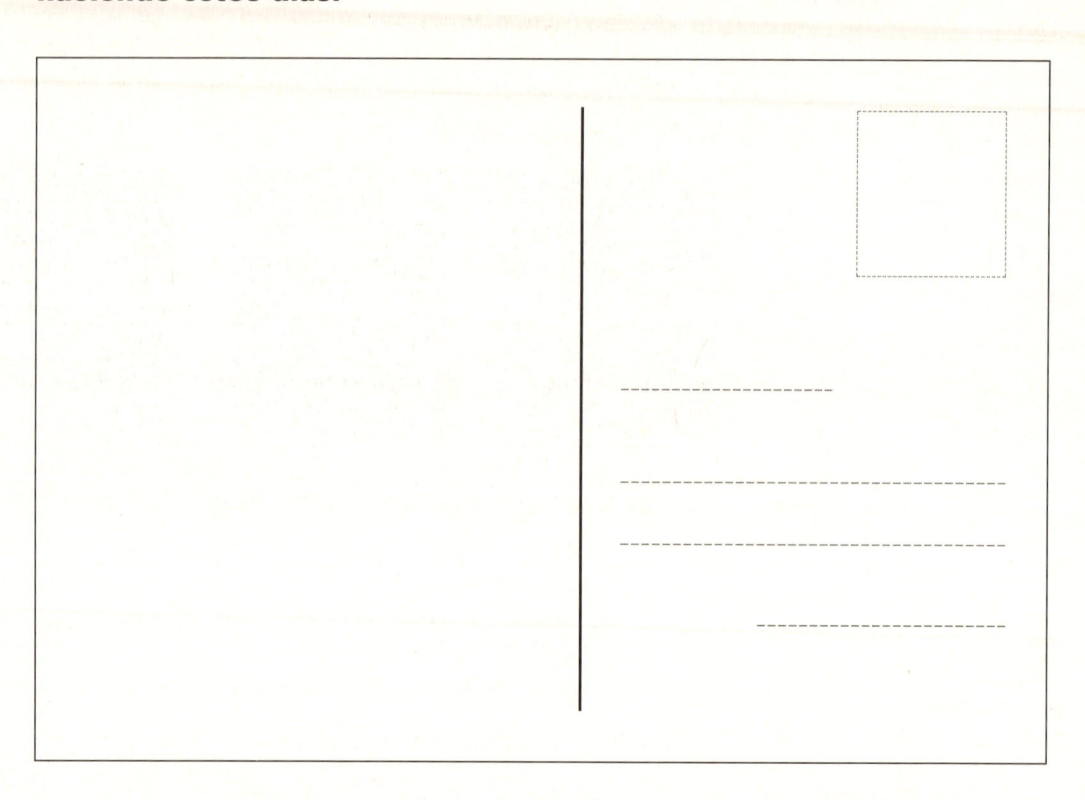

4. Completa las frases siguientes con los verbos del recuadro.

| venir | vivir | ser | ir | estar |

1. — ¿Dónde _____ la torre Eiffel?

   — _____ en París.

2. — ¿De dónde _____ tú?

   — _____ española.

3. — Juan y Carmen _____ en Madrid.

4. — ¿A dónde _____ Pedro?

   — _____ a la farmacia.

5. — ¿De dónde _____ este tren?

   — _____ de Valencia.

5. ¿Qué dices en las situaciones siguientes?

1. Alguien te regala un libro.

2. Necesitas un taxi.

3. Vas a una oficina para hablar con la señorita Pardo.

4. Estás en un bar con unos amigos y ves unas gafas de sol en la mesa.

5. Quieres saber dónde hay una farmacia.

6. Quieres bajar del autobús y hay una señora en la puerta.

7. Quieres entrar en la oficina de tu jefe.

8. Hablas por teléfono con una amiga, quieres saber lo que hace en ese momento.

9. Tu hermano no puede comer chocolate pero le gusta mucho.

6. Ordena cada una de las frases siguientes.

1. pan? - pasas - ¿Me - el

2. ¿A - vas - dónde - vacaciones? - estas

3. mis - gafas? - están - ¿Dónde

4. leyendo - libro - un - Estoy - muy bueno.

Unidad 8

7. Escribe los tres diálogos siguiendo las indicaciones.

MODELO: A: saludar a B.
B: saludar a A y preguntar el motivo de la visita.

A: *Buenos días.*
B: *Buenos días. ¿Qué desea?*

1. A: saludar a B.
   B: saludar a A y preguntar el motivo de la visita.
   A: preguntar por el señor Manzano.

   A: _____
   B: _____
   A: _____

2. A: preguntar a B si (ser) el señor López.
   B: contestar negativamente e identificarse como Julián Muñoz.

   A: ¿_____?
   B: _____

3. A: preguntar a B por la señorita Margarita Sánchez.
   B: decir a A que (esperar).
   B: contestar negativamente.

   A: ¿_____?
   B: _____
   B: _____

8. Viajas solo/a y llegas a un hotel. Tu compañero/a es el/la recepcionista. Escribid un posible diálogo.

— _____
— _____
— _____
— _____
— _____
— _____
— _____
— _____
— _____

Unidad 9 ¿Quién es ése?

1. Describe a dos compañeros/as de clase.

Pedro es el chico de las gafas grandes. Es rubio y bajo. No es gordo. Su camisa es blanca y sus pantalones azules. No lleva corbata. Hoy lleva unos zapatos marrones nuevos.

1. _____

2. _____

2. Juega a las adivinanzas con tus compañeros/as. Describe a un/a compañero/a diciendo lo que <u>no</u> lleva. Los/Las demás tienen que adivinar quién es.

No lleva pantalones. No lleva chaqueta. No lleva jersey. ¿Quién es?

3. Contesta ahora a las siguientes preguntas.

a) ¿Cómo es Juan?

_____

b) ¿Cómo es Carmen?

_____

c) ¿Cómo es Óscar?

_____

Primera parte

ANTES

4. ¿Qué llevan?

1. _____
2. _____
3. _____
4. _____
5. _____

DESPUÉS

5. Responde a estas preguntas relacionadas con la Telecomedia.

1. ¿Qué llevan Carmen y Juan?
   _____

2. ¿Por qué van vestidos los extras con trajes de época?
   _____

3. ¿En qué época crees que está situada la escena?
   _____

4. ¿Quién es el italiano?
   _____

5. ¿Quién es la mujer rubia?
   _____

Segunda parte

ANTES

6. Estás en una fiesta en la que conoces a algunas personas y a otras no. Pregunta a tus compañeros/as quiénes son.

A: *Oye, ¿quién es la de la falda estampada?*
B: *Es Kelly.*

A: *¿Quién es Kelly?*
B: *La de la falda estampada.*

7. Responde a las preguntas según los dibujos.

1. ¿Cuál es la casa de Pedro?

   Es la _____

2. ¿Cuál es tu coche?

   Es el _____

3. ¿Cuál es el novio de Marta?

   El _____

4. ¿Cuál es el vestido de tu hermana?

   El _____

8. Describe las banderas de los siguientes países. Tu compañero/a dirá a qué nacionalidad corresponden.

A: *Es azul, blanca y roja.*
B: *Es la bandera francesa.*

1. Italia
2. España
3. Francia
4. Japón
5. Alemania
6. Dinamarca
7. China
8. Grecia
9. (Tu país)

45

Unidad 9

DESPUÉS

9. Ordena las frases siguientes, numerándolas de acuerdo con la Telecomedia.

☐ "¿Quién es su madre?"
☐ "¿Y ahora, qué hacemos?"
☐ "La del vestido verde."
☐ "Mi marido es músico."
☐ "Lo siento, pero no..."
☐ "¡Ángel!"

10. Escucha la conversación entre Mónica y Raúl. Escribe luego el nombre de los vecinos de Mónica y el piso donde viven.

NOMBRES	PISOS

EN RESUMEN

Escribe tú solo/a el resumen de la Telecomedia. Las palabras del recuadro te servirán de ayuda.

Carmen	Juan	guitarrista	ayudante	actor
niño	señora	marido	italiano	"Conocer España"
cable	accidente	brazo	tocar la guitarra	

Al principio _____

Después _____

Al final _____

Unidad 10   ¿Qué día es hoy?

1. Pregunta a tu compañero/a qué celebraciones corresponden a los días del cuadro A. Él/Ella hará lo mismo con los días del cuadro B.

A: *¿Qué día es el 6 del XII?*
B: *El día de la Constitución española.*

A
6-XII
25-XII
1-XI
12-X

B
31-XII
14-II
1-V
1-I

San Valentín   Día del Trabajo   Fiesta de la Hispanidad
Nochevieja   Año Nuevo   la Constitución española
Todos los Santos   Navidad

2. ¿A qué momento del día corresponden las horas siguientes? Escríbelo.

1. 11:00   2. 17:00   3. 23:00

3. ¿Qué hora es? Escríbelo.

Primera parte

ANTES

4. Pregunta a tu compañero/a qué hora es en las siguientes ciudades.

A: ¿Qué hora es en Nueva York?
B: Son las siete de la mañana.

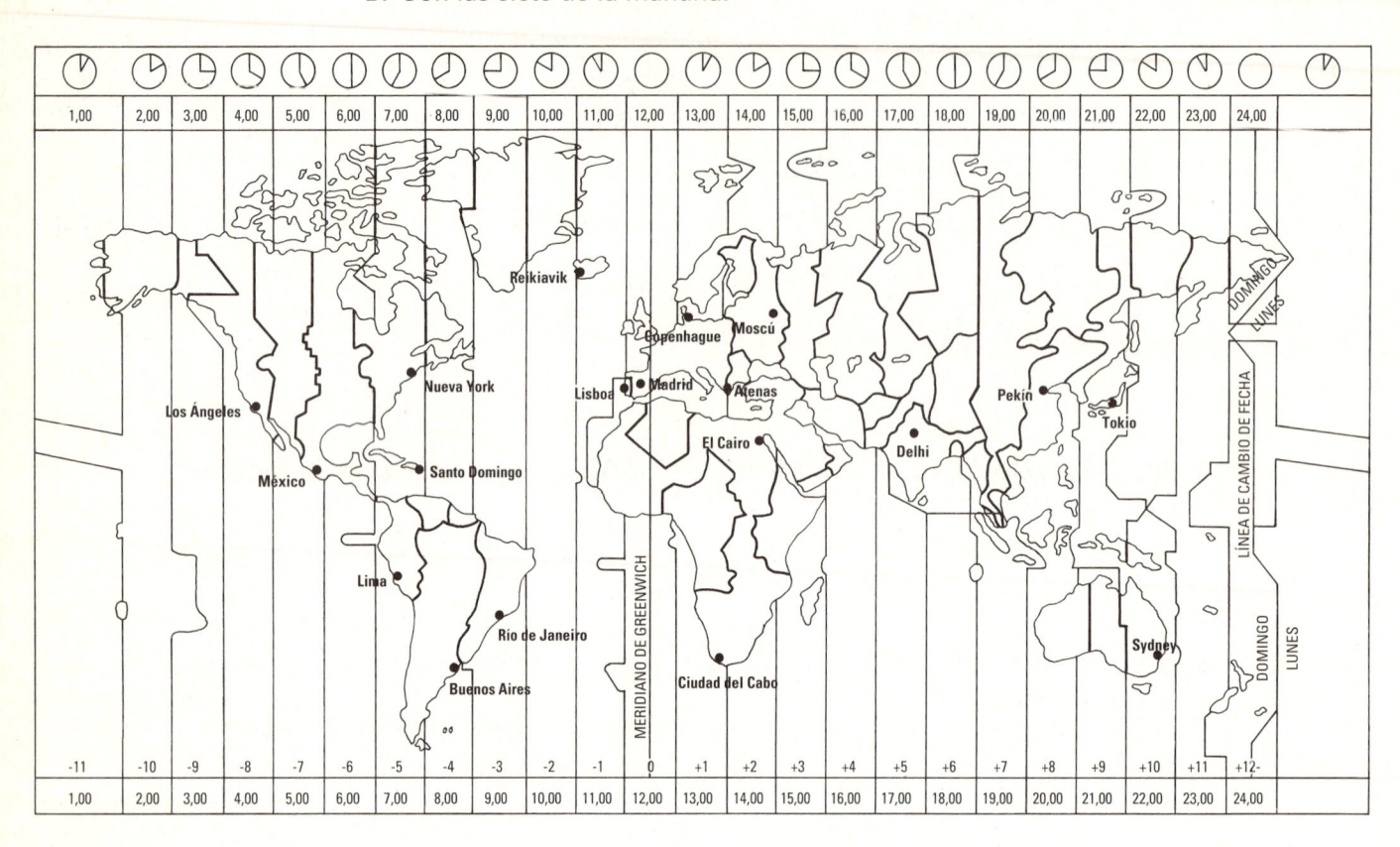

DESPUÉS

5. Responde a las siguientes preguntas relacionadas con la Telecomedia.

1. ¿Qué día es el cumpleaños de Diego?
   _____

2. ¿Por qué se va el jefe?
   _____

3. ¿Cómo celebran el cumpleaños?
   _____

4. ¿Dónde toman una copa?
   _____

5. ¿Cuántos años cumple Diego?
   _____

Segunda parte

ANTES

6. Escucha y completa el siguiente diálogo.

— ¿____ ____ ____ ____?

— Miércoles.

— Sí, pero... ¿____ ____ ____?

— A quince.

— ¿Sí?... pues... ¡Felicidades! ¡Es tu cumpleaños!

— ¡Es verdad! Hoy es quince de febrero. Es mi cumpleaños. Gracias por felicitarme... ¡Vamos! ____ ____ ____ ____ una copa.

— ¡Vale!

7. ¿Cómo lo dices? Escribe el diálogo con un/a compañero/a.

A	B
sugerir ir a la playa	rechazar
preguntar la hora	no llevar reloj
ofrecer un café	aceptar
preguntar qué día es	responder día de la semana

1. A: _____
   B: _____

2. A: _____
   B: _____

3. A: _____
   B: _____

4. A: _____
   B: _____

8. Responde a las siguientes preguntas.

1. ¿Qué día de la semana es hoy? _____
2. ¿Qué hora es ahora? _____
3. ¿Qué día es tu cumpleaños? _____

DESPUÉS

9. Resume y explica la Telecomedia a tus compañeros/as.

Hoy es el cumpleaños de Diego. Sus amigos tienen una sorpresa para él, pero el jefe está en la oficina y no se la pueden dar...

_____
_____
_____
_____
_____
_____
_____
_____

10. ¿Qué dices en las situaciones siguientes?

1. Te dan un regalo el día de tu cumpleaños.
   _____

2. Un amigo te envía un regalo a casa. Le llamas por teléfono.
   _____

3. Estás con unos amigos en un bar y quieres ir a bailar.
   _____

4. Un/a amigo/a te invita a ir al cine. No puedes ir porque tienes que estudiar.
   _____

EN RESUMEN **Ordena estas frases numerándolas de acuerdo con la Telecomedia.**

☐ "Va a llegar tarde."   ☐ "¡Viene el jefe!"
☐ "Os invito a bailar."   ☐ "¿Queréis tomar una copa?"
☐ "¡Felicidades, feliz cumpleaños!"   ☐ "Muchas gracias."
☐ "¿Qué día es hoy?"   ☐ "¡Ábrelo, ábrelo!"
☐ "Treinta, ya soy un viejo."   ☐ "Sí, sí, vamos."
☐ "Hoy es veinticinco."   ☐ "De nada."

Unidad 10

Unidad 11 ¿Cuánto cuesta éste?

1. Relaciona los nombres de las tiendas con los productos que se venden en ellas.

TIENDAS

1. QUIOSCO
2. POLLERIA
3. CARNICERIA
4. FARMACIA
5. PANADERIA
6. SUPERMERCADO
7. LIBRERIA
8. DROGUERIA
9. PESCADERIA
10. PASTELERIA
11. FRUTERIA
12. ESTANCO

PRODUCTOS

_2_ pollo, huevos

___ libros

___ pescado

___ productos de limpieza

___ tartas, pasteles

___ fruta

___ carne

___ periódicos

___ medicamentos

___ de todo

___ sellos

___ pan

2. Relaciona las medidas con los nombres de los productos.

MEDIDAS

1. una barra de
2. 2 kilos de
3. una docena de
4. una botella de
5. 250 gramos de
6. un paquete de
7. un trozo de

PRODUCTOS

___ jamón

___ tarta

___ azúcar

_1_ pan

___ leche

___ fresas

___ huevos

Primera parte

ANTES

3. Tú tienes una lista de productos y tu compañero/a los precios. Pregúntale a cuánto está o cuánto cuesta cada cosa y anota la respuesta.

A: *¿A cuánto están las fresas?*
B: *A 240 pesetas kilo.* O bien: *A doscientas cuarenta el kilo.*

A
fresas	240 ptas/kg
pan	_____
huevos	_____
leche	_____
jamón	_____
azúcar	_____
tarta	_____

B
220 ptas/trozo
92 ptas/litro
240 ptas/kg
85 ptas/barra
700 ptas/100 g
180 ptas/docena
110 ptas/paquete

4. Con la información que tenéis, calcula con tu compañero/a cuánto cuesta esta lista de la compra.

> 2 kg de fresas
> 1/2 docena de huevos
> 150 g de jamón
> 3 litros de leche
> 2 trozos de tarta
> 1 barra de pan
> 3 paquetes de azúcar

TOTAL: _____

5. ¿Cuáles de los productos que han aparecido hasta ahora acostumbran a comprar en tu casa y en qué cantidades? ¿Sabes cuánto cuesta lo que habitualmente se compra en tu casa?

PRODUCTOS	CANTIDADES	PRECIOS
_____	_____	_____
_____	_____	_____
_____	_____	_____
_____	_____	_____
_____	_____	_____
_____	_____	_____

DESPUÉS

6. Responde a las siguientes preguntas relacionadas con la Telecomedia.

1. ¿Dónde están Carmen y Juan? _____
2. ¿Qué quiere hacer Carmen? _____
3. ¿Por qué? _____
   _____
4. ¿Cuánto valen los trozos de tarta de Santiago? _____
5. ¿Dónde está Óscar? _____
6. ¿Qué quiere? _____
7. ¿Cuánto cuesta? _____
8. ¿Lo compra? ¿Por qué? _____
   _____

7. Escucha y completa el diálogo.

En la tienda

— ¡Buenos días! ¿Qué desea?

— _____

— ¿Qué talla?

— _____

— ¿Qué le parecen éstos?

— _____

— Siete mil quinientas pesetas.

— _____

— Sí, éstos, a cinco mil quinientas. Están rebajados.

— _____

— Sí, claro. El probador está a la izquierda.

(Al salir del probador.)

— ¿Qué tal?

— _____

— Muy bien. ¿Va a pagar con tarjeta o al contado?

— _____

— Muchas gracias. Hasta pronto.

— _____

8. Practica con dos compañeros/as.

SITUACIÓN 1

Alumno/a A:

Estáis en una tienda porque tenéis que hacer un regalo a un amigo que cumple 19 años. Él es muy aficionado al deporte y tú ya has pensado qué le podéis comprar aunque resulte un poco caro.

Alumno/a B:

Estáis en una tienda porque tenéis que hacer un regalo a un amigo que cumple 19 años. No sabes qué le podéis regalar y no quieres gastar mucho dinero.

Alumno/a C:

Eres dependiente de una tienda en la que entran dos personas para comprar un regalo a un amigo. Atiéndeles lo mejor que puedas y convénceles de que compren algo.

SITUACIÓN 2

Alumno/a A:

Estáis en una tienda porque unos amigos vuestros se van a casar, os han invitado a la boda, y queréis comprarles un regalo. Tú quieres comprar algún objeto para su nueva casa.

Alumno/a B:

Estáis en una tienda porque unos amigos vuestros se van a casar, os han invitado a la boda, y queréis comprarles un regalo. Tú quieres comprarles algún objeto muy personal y no algo para la casa.

Alumno/a C:

Eres dependiente de una tienda en la que entran dos personas para comprar un regalo de boda. Atiéndeles lo mejor que puedas y convénceles de que compren algo.

Segunda parte

ANTES

9. Estás en el supermercado. Has pensado preparar algo de pescado para la cena de esta noche. ¿Qué puedes comprar en la pescadería?

_____
_____
_____
_____
_____
_____

DESPUÉS

10. Señala con una cruz lo que Óscar compra en el supermercado.

	almejas
	mejillones
	calamares
	langostinos
	pescado

11. Responde a las siguientes preguntas relacionadas con la Telecomedia.

En la pescadería

1. ¿Cómo va vestida la mujer? _____
_____

2. ¿Cómo va vestido Óscar? _____
_____

En la tienda de deportes

1. ¿Qué quiere comprar Carmen? _____
2. ¿Qué hace Juan? _____
3. ¿Qué piensa Carmen cuando ve a Juan? _____
4. ¿Qué piensa Óscar primero? _____
5. ¿Qué compra Carmen finalmente? _____

Unidad 11

12. Éste es un tíquet de compra como los que puedes obtener en las tiendas, supermercados y grandes almacenes españoles. ¿Qué información puedes obtener de él?

```
        SUPERMERCADOS
       MIGUEL GONZÁLEZ
          CIF. A/42-699507
           I.V.A. INCLUIDO
23/1/92              19:25

ALMEJAS              1.026
FRUTA                  402
DROGUERÍA              320
CARNE                2.500
POLLO                  630
HUEVOS                 315
PESCADO                965
LECHE                  110
PAN                    100
ACEITE                 300
JAMÓN                  825

SUBTOTAL             7.493
TOTAL               10.000
CAMBIO               2.507
```

- Busca un tíquet de una compra reciente y explica a tus compañeros/as la información que hay en él y cómo está situada.

  Comenta con tus compañeros/as cuál es el orden de la información de mayor a menor importancia para el cliente.

EN RESUMEN

Completa el siguiente resumen de la Telecomedia.

Carmen y Juan están en la _____ comprando un _____ de tarta de Santiago. De repente Carmen se da cuenta de que hoy es el día de los _____ y de que tiene que comprar un _____ para Óscar antes de que cierren las _____ .

Óscar piensa que es mucho mejor preparar una buena cena para celebrar con su _____ el día de San Valentín. Primero compra un libro de cocina en la _____ y después compra los ingredientes necesarios para preparar la receta que hay en el _____ . En la pescadería compra _____ al pescadero, pregunta _____ es todo, paga el _____ de su _____, recoge el _____ y se va a dar una vuelta por las _____ .

Carmen decide comprar un chándal para Óscar y le pide a Juan que se pruebe los que el _____ les enseña. Juan entra y sale del _____ con distintos chándals, pero a _____ no le gustan. Óscar llega a la tienda de _____ y cuando ve a Carmen y a Juan cree que son algo más que _____ .

Unidad 12 — Pero, ¿qué es usted?

1. Mira esta vista de Granada. ¿Qué monumentos importantes ves? ¿Qué monumentos hay en tu ciudad?

Sacromonte
Alcazaba
Albaicín
Alhambra
Catedral

2. Escucha y luego completa el texto.

Granada se encuentra en el _____ de España, en Andalucía. Está muy _____ de Sierra Nevada y allí se _____ esquiar. Es una _____ donde hace _____ en verano y _____ en invierno. En el Albaicín, barrio árabe de Granada, las _____ están todas pintadas de color _____.

Muchos _____ van a Granada durante todo el _____ para visitar la Alhambra.

La Alhambra es el _____ de los reyes _____ de Granada. Junto a ella está el Generalife, palacio de _____, donde se encuentran los más bellos _____ de España.

La Alhambra es una muestra extraordinaria del _____ árabe en España.

Primera parte

ANTES

3. Relaciona cada profesión con el trabajo correspondiente. Si no entiendes algo, pregunta a tu profesor/a o consulta un diccionario.

PROFESIONES	TRABAJOS
1. cartero	___ atrapar ladrones
2. periodista	___ cuidar enfermos
3. vendedor/a	___ enseñar español
4. empleado/a de banco	_1_ repartir cartas
5. enfermero/a	___ servir comidas
6. camarero/a	___ cambiar dinero
7. profesor/a	___ arreglar dientes
8. dentista	___ curar enfermedades
9. médico/a	___ defender la ley
10. mecánico	___ arreglar coches
11. abogado/a	___ escribir noticias
12. policía	___ hacer películas
13. actor/actriz	___ vender cosas

DESPUÉS

4. Responde a estas preguntas relacionadas con la Telecomedia.

1. ¿Dónde están Carmen y Juan?
   _____

2. ¿Qué compra Carmen?
   _____

3. ¿Qué compra Juan?
   _____

4. ¿Por qué?
   _____

5. ¿Cómo se llama el rey de la Alhambra?
   _____

6. ¿Con quién se encuentran Carmen y Juan?
   _____

7. ¿Cuál es la profesión de Carmen? ¿Y la de Juan?
   _____

8. ¿Cómo crees que continúa la historia?
   _____

Segunda parte

ANTES

5. Quieres inscribirte en la academia "La Mejor" para estudiar español. Rellena la ficha de inscripción.

Nombre: _____
Dirección: _____
Teléfono: _____ Nacionalidad: _____
Profesión: _____ Edad: _____
Estado civil: _____

6. Ahora tú eres el/la secretario/a de la academia. Pide a tu compañero/a sus datos y rellena su ficha.

Nombre: _____
Dirección: _____
Teléfono: _____ Nacionalidad: _____
Profesión: _____ Edad: _____
Estado civil: _____

DESPUÉS

7. Responde a estas preguntas relacionadas con la Telecomedia.

1. ¿Qué lugares visitan Carmen y Juan dentro de la Alhambra?
   _____

2. ¿Cómo se llama la esposa del rey?
   _____

3. ¿Y la del guía?
   _____

4. ¿Cuántos años tiene el guía?
   _____

5. ¿Y el rey?
   _____

6. ¿A qué conclusión podemos llegar?
   _____

Unidad 12

8. Escucha la entrevista realizada a la Marquesa de Baños Limpios y completa la ficha siguiente.

Nombre: _____

Título: _____

Estado civil: _____ Hijos: _____

Casa: Habitaciones: _____ Cuartos de baño: _____

Vestidos: _____

9. Te interesa el piso del anuncio. Llama y pide toda la información que necesites. Usa para ello las palabras del recuadro.

A: *¿Tiene jardín?*
B: *Sí, tiene uno muy grande./No, no tiene.*

VENDO

PISO AMUEBLADO

2 dormitorios, 2 baños, 1 terraza, garaje, teléfono. Zona Sarriá. Tel. 342 77 56.

A
jardín
piscina
metro/autobús cerca
tiendas cerca
microondas

EN RESUMEN

Completa el siguiente resumen de la Telecomedia con las palabras y frases que creas correctas.

*Juan y Carmen quieren visitar la Alhambra, por eso compran _____ y esperan al _____ que va a enseñarles la Alhambra. Carmen piensa que el guía se parece a Yúsuf porque tiene _____
_____.*

*Mientras están visitando la Alhambra el guía desaparece misteriosamente, pero _____
_____.*

Unidad 13 ¿Tiene algo para la garganta?

1. Numera los siguientes objetos.

- [1] plato
- [ ] copa
- [ ] servilleta
- [ ] sal
- [ ] pan
- [ ] cuchara
- [ ] mantel
- [ ] tenedor
- [ ] cuchillo
- [ ] vaso
- [ ] jarra de agua
- [ ] botella de vino

2. Escribe, en un minuto, todos los nombres de alimentos que recuerdes de cada grupo.

VERDURA	CARNE
_____	_____
_____	_____
_____	_____
_____	_____

PESCADO	POSTRE
_____	_____
_____	_____
_____	_____
_____	_____

Primera parte

ANTES

3. Dos amigos hablan de varios restaurantes. Escucha la conversación y marca los restaurantes en el plano.

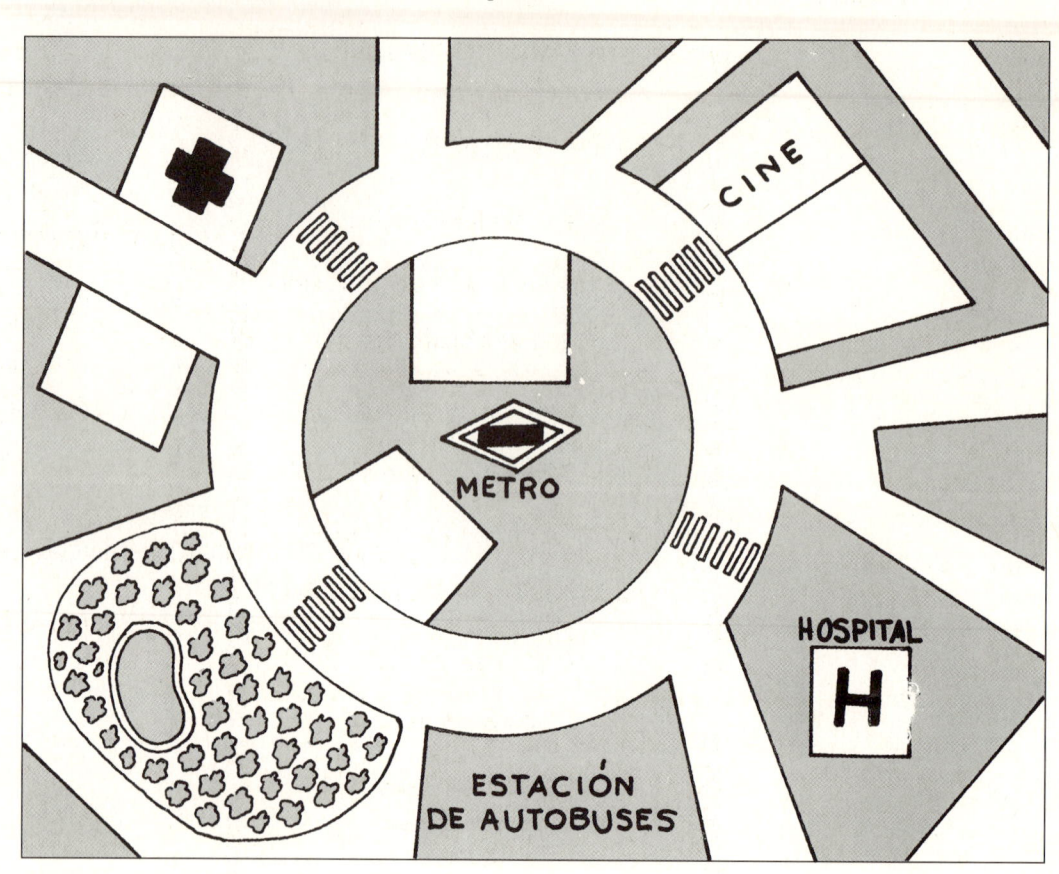

DESPUÉS

4. ¿Quién dice las frases siguientes en la Telecomedia?

| Juan | Carmen | la chica | el farmacéutico |

1. "Aquí, cerca de la estación." _____
2. "¿Te espero en el autobús?" _____
3. "Voy a ir a una farmacia." _____
4. "Tú no eres Pedro." _____
5. "No puedo hablar." _____
6. "Hoy voy a visitar la ciudad." _____
7. "¿Tiene algo fuerte para la garganta?" _____
8. "Son trescientas veinte pesetas." _____
9. "¿Quién es ésa?" _____

Segunda parte

ANTES

5. Pregunta a tu compañero/a qué son algunos de los platos siguientes. No olvidéis que es posible decir: "No lo sé".

Restaurante
"La Bodega de Pepe"

Crema de puerros fría
o
Espárragos con salmón ahumado

Lubina en salsa tártara
o
Merluza a la romana

Solomillo de ternera al whisky
o
Chuletón de buey a la parrilla

Helado de caramelo con nueces
o
Fruta del tiempo

Jerez seco
Vino blanco seco
Vino tinto Rioja
Agua mineral
Café
Licores

Precio: 15.000 ptas.
Categoría: ****

Restaurante "El Tenedor de Oro"

Cóctel de gambas
Melón con jamón
Sopa de mariscos
 ·−·−·
Entrecot con salsa roquefort
Besugo al horno
Pato con salsa de almendras
Lenguado a la romana
 ·−·−·
Pastel de queso
Fruta del tiempo
Tarta helada
 ·−·−·
Ptas.: 5.000
IVA no incluido
Categoría: ***

Restaurante "La Fuente"

Entremeses
Ensalada "La Fuente"

Bacalao a la vasca
Filete de ternera con guarnición

Helado
Flan

Agua o vino

Ptas.: 950, IVA incluido
Categoría: *

6. Escribe qué restaurante recomendarías a cada uno de los grupos siguientes y por qué. Luego, compara tu respuesta con las del resto de la clase. ¿Son iguales?

1. Estudiantes de la Universidad. Cena de fin de curso. _____
   _____

2. Compañeros/as de trabajo de una empresa. _____
   _____

3. Ejecutivos/as para hablar de negocios. _____
   _____

Unidad 13

DESPUÉS

7. Responde a estas preguntas relacionadas con la Telecomedia.

1. ¿Cuál es el monú de los turistas?

   – De primero _____

   – De segundo _____

2. ¿Y el guía? ¿Qué toma? _____

   _____

8. Tú y tus compañeros/as estáis pasando unos días en Granada y queréis salir a cenar todos juntos. Mirad los anuncios de los siguientes restaurantes de Granada y decidid a cuál vais a ir.

> **Restaurantes**
> **Ruta del Veleta.** Carretera de la sierra, Km. 5. Tel. 48 61 34. Precio aproximado 5.000 ptas. Muy buenos los dulces.
> **Velázquez.** Emilio Orozco, 1. Tel. 28 01 09. Precio aproximado 3.500 ptas. Buena relación calidad-precio.
> **Los Pinillos.** Carretera de la sierra, Km. 6. Teléfono 48 61 09. Precio aproximado 2.500 ptas. Deliciosa cocina casera.
> **Mirador de Moraima.** Pianista García Carrillo, 2. Tel. 22 82 90. Precio aproximado 4.000 pesetas. Cocina típica regional.
> **América.** Real de la Alhambra, 53. Tel. 22 74 71. Precio aproximado 7.000 ptas. Situado dentro del recinto de la Alhambra.
>
> **Tapas**
> **Bodega Antonio Pérez.** Rodríguez Acosta, 1. Tel. 28 80 79.

Ayuda: ¿Vamos a ...? / ¿Y si vamos a ...?
¿Quieres / Queréis ...?
Yo quiero ... / A mí me gusta ...
Vale / De acuerdo / No, porque ...

Es ... → caro, barato, típico...
Está... → lejos de.../ cerca de...
comida, tapas, tomar

EN RESUMEN

En este resumen sobran siete palabras. Táchalas.

Carmen y Juan siguen en la Granada. Van a ir de excursión y después a cenar con un grupo y un guía. A Carmen le duele la su garganta y casi no puede hablar, y el guía de la excursión lleva cuatro días sin se poder dormir. Los dos van a la farmacia para ver si ellos tienen algo para la garganta y algo para el dormir. Pero hay una equivocación y Carmen se toma las pastillas para dormir. Desde ese momento Carmen no tiene mucho sueño y ¡sigue sin poder de hablar!

Repaso 2

1. Haz estas preguntas a tu compañero/a y toma nota de sus respuestas.

1. ¿Cuánto cuesta un billete de avión para Madrid?

2. ¿A cuánto está el kilo de carne en nuestra ciudad?

3. Tienes varios bolígrafos. ¿Cuántos?

4. ¿De dónde son tus zapatos?

2. ¿Visitamos la Alhambra? Ordena los pasos que tenemos que dar.

1. Visitar con guía. ☐
2. Entrar. ☐
3. Pedir información sobre… ☐
4. Pedir permiso para hacer fotos. ☐
5. Comprar la entrada. `a`
6. Pagar la entrada. ☐

3. Ya has ordenado lo que tenemos que hacer para visitar la Alhambra. Pero, ¿qué decimos en cada caso? Relaciona ahora las expresiones siguientes con cada una de las acciones del ejercicio anterior.

1. ¿Compras tú las entradas? `a`
2. ¿Me enseña algún libro? ☐
3. ¿Me cobra? ☐
4. Por favor, ¿dónde está la entrada? ☐
5. ¿Se pueden hacer fotos? ☐
6. Soy el guía, ¿empezamos la visita? ☐

4. Contesta a las preguntas.

1. ¿Qué día es hoy? _____
2. Pero, ¿a qué día del mes estamos? _____
3. ¿Qué hora es? _____
4. ¿Qué día es tu cumpleaños? _____
5. ¿Cómo se llama tu profesor/a de español? _____
6. ¿Cuántos/as alumnos/as sois en clase? _____
7. ¿Dónde está tu escuela? _____

5. Escucha y escribe el nombre de los personajes.

_____ _____ _____ _____

6. Vuelve a oír el diálogo anterior y escribe la relación entre los personajes.

1. Adela - Emilio   *Adela es la abuela de Emilio.*
2. Laura - Ana   _____
3. Laura - Emilio   _____
4. Ana - Carlos   _____
5. Emilio - Adela   _____
6. Ana - Adela   _____
7. Carlos - Emilio   _____
8. Carlos - Juan   _____

7. Escucha de nuevo el diálogo del ejercicio 5 y completa.

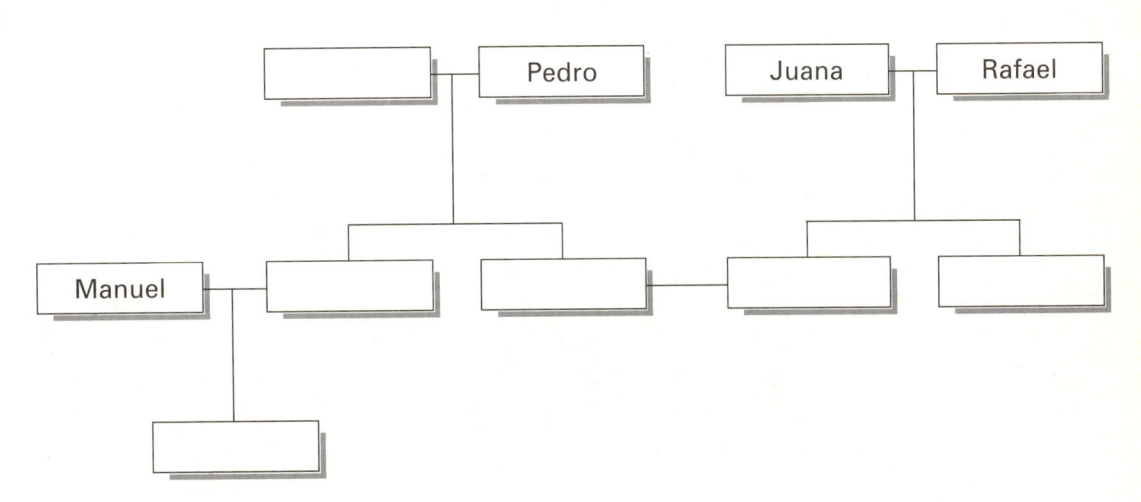

8. Elige una profesión. Tu compañero/a va a adivinar cuál es.

A: *¿Qué haces?*
B: *Trabajo en la televisión. Doy noticias a la gente.*
A: *Eres el periodista de la foto 2.*

| periodista | actor/actriz | camarero, -a |
| cartero | director, -a de empresa | mecánico |

9. Practica con tus compañeros/as.

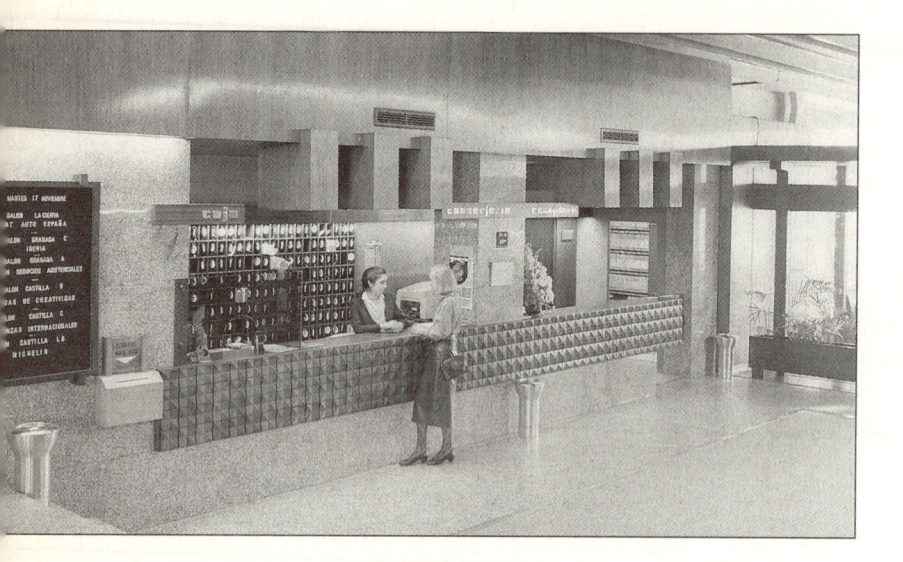

SITUACIÓN 1: EN EL HOTEL

Alumno/a A:

Quieres reservar dos habitaciones dobles para las vacaciones de Semana Santa. Una habitación es para ti y tu pareja. La segunda es para vuestros niños. El precio de las habitaciones es muy caro. Quieres una habitación más pequeña y más barata para los niños, pero al lado de la tuya.

Alumno/a B:

Eres el/la recepcionista del hotel. El hotel tiene habitaciones dobles con baño o con ducha. También hay alguna habitación sin baño. No todas tienen el mismo precio.

SITUACIÓN 2: EN LA OFICINA

Alumno/a A:

Eres el/la jefe/a. Has estado toda la mañana en una reunión y llegas a la oficina. Preguntas por los billetes de avión para Santander, por la reserva de habitaciones en el hotel Chiqui de Santander, por la carta para el director de la empresa Marisco, S.A., por la hora y el día de tu cita con el señor Gómez.

Alumno/a B:

Tu jefe/a no ha estado en la oficina esta mañana y tú no has hecho todo el trabajo. Era imposible: El teléfono del hotel Chiqui de Santander no contesta y no quedan plazas en el avión para Santander. Has comprado billetes de tren en vez de avión para viajar por la noche.

Alumno/a C:

El/La jefe/a no ha estado en la oficina esta mañana. Tú has escrito una carta para el director de Mariscos, S.A. También has hablado por teléfono con la secretaria del señor Gómez: tu jefe/a tiene una cita con él el viernes a las 17,30 horas.

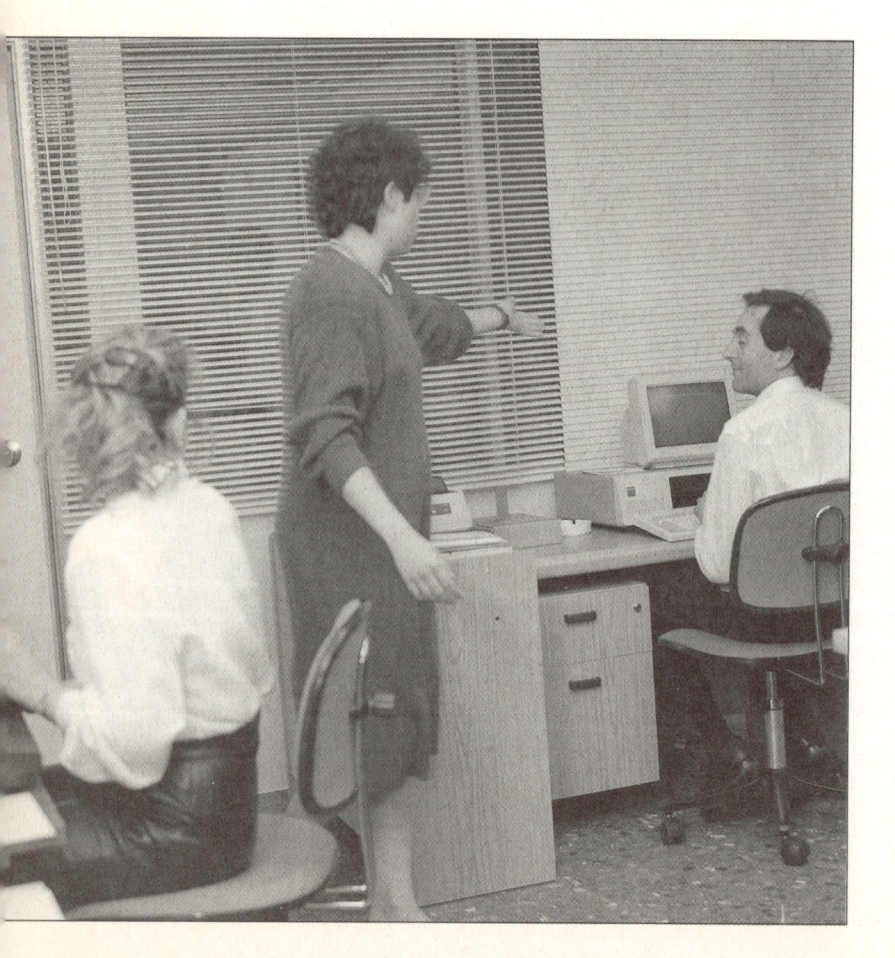

10. ¿Tiene algo para...? Mira los siguientes dibujos. Luego, relaciónalos con el lugar al que vas para encontrar lo que necesitas.

_1_ Una zapatería.
___ Una droguería.
___ Una farmacia.
___ Una papelería.
___ Una tienda de regalos.

Ahora, pide lo que necesitas en cada caso.

1. ¿Tiene algo para limpiar estos zapatos?
2. _____
3. _____
4. _____
5. _____

11. Lee la explicación de estos platos. Luego numera las ilustraciones.

1. La paella es un plato de arroz y mariscos.
2. El besugo es un pescado grande que se hace al horno.
3. La ensalada es un plato de lechuga, tomate, aceitunas y cebolla.
4. La tortilla española se hace con huevos, patatas y cebolla.
5. El filete de ternera es una carne que se hace a la plancha.
6. El pollo asado se hace al horno, con patatas.

12. ¿Para qué se usan estas preguntas? Reflexiona con tus compañeros/as y relaciona.

PREGUNTAS

1. ¿Tienes teléfono?
2. ¿Quiere usted un café?
3. ¿Puedo fumar?
4. ¿Me das la sal, por favor?
5. ¿Tienen coche los Martínez?
6. ¿Estás casada?
7. ¿Qué es eso?
8. ¿Qué pasa?
9. ¿Qué hora es?
10. ¿Qué es Juan?
11. ¿Cómo dice?
12. ¿A qué estamos hoy?
13. ¿Cuánto es?
14. ¿Cuánto cuesta el billete?
15. ¿Cuántos sellos?
16. ¿Cuántos años tienes?
17. ¿Cómo se llama usted?
18. ¿Cómo se llama eso?
19. ¿Quién es?
20. ¿De quién es este libro?
21. ¿Dónde vive usted?
22. ¿Dónde está la Plaza Mayor?
23. ¿A dónde vas?
24. ¿De dónde son las naranjas?

SE USA PARA...

a) preguntar a alguien cómo se llama
b) preguntar a alguien su dirección
c) preguntar por la localización
ch) preguntar a quién pertenece algo
d) pedir a alguien su número de teléfono
e) preguntar el destino
f) preguntar la procedencia
g) ofrecer algo
h) pedir permiso
i) preguntar qué es algo
j) preguntar qué sucede
k) preguntar por la identidad de alguien
l) pedir cosas
ll) preguntar para pagar
m) preguntar la fecha
n) preguntar la hora
ñ) preguntar el precio
o) preguntar la cantidad
p) preguntar el nombre de algo
q) preguntar la profesión
r) preguntar la edad
s) preguntar el estado civil
t) preguntar por las posesiones
u) pedir una repetición

Transcripción de la casete B

UNIDAD 1. Soy Juan Serrano

Ejercicio 8

LAURA: ¡Hola, Juan! ¿Qué tal?
JUAN: Muy bien, Laura. ¿Y tú?
LAURA: Bien, gracias… Pasa, pasa. Estamos celebrando una fiesta en casa. Es el cumpleaños de mi hermana Sara. Ven, voy a presentarte a toda mi familia. Sara, éste es Juan, un amigo mío.
JUAN: Mucho gusto.
SARA: Encantada.
LAURA: Y éste es mi hermano Javier. Javier… Éste es Juan.
JAVIER: ¡Ah, hola! ¿Qué tal?
JUAN: Bien, gracias.
LAURA: Y éstos son mis padres, Teresa y Francisco. Éste es Juan, un amigo.
FRANCISCO: Mucho gusto, joven.
JUAN: Encantado.

UNIDAD 2. Calle de Goya, 7

Ejercicio 2

1. — Radio-Taxi, dígame.
   — Buenas noches. Un taxi, por favor.
   — ¿A dónde?
   — A la calle de Toledo, ocho.
   — ¿Qué número?
   — Ocho.
   — ¿Piso?
   — Segundo, tercera.
   — ¿Nombre?
   — Elena Fernández.
   — ¿Teléfono?
   — Dos, uno, cero, tres, siete, seis, cuatro.
   — Muy bien. Ahora va.
   — Gracias. Buenas noches.
   — De nada. Buenas noches.

2. — ¿Diga?
   — ¿Radio-Taxi?
   — Sí, dígame. ¿Quiere un taxi?
   — Sí, por favor.
   — ¿Nombre?
   — José García.
   — ¿Teléfono?
   — Cuatro, uno, cinco, ocho, cero, seis, cinco.
   — ¿Dirección?
   — Calle Molina, nueve, tercero, segunda.
   — Perdón, ¿qué piso?
   — Tercero, segunda.
   — En diez minutos está allí.
   — Gracias. Buenas noches.
   — Adiós.

3. — Radio-Taxi. Buenas noches.
   — Hola, quiero un taxi a…
   — ¿Calle?
   — Calle Miró.
   — ¿Número?
   — Cinco.
   — ¿Piso?
   — Primero.
   — ¿Nombre?
   — Rosa Martín.
   — ¿Teléfono?
   — Tres, tres, dos, seis, tres, nueve, siete.
   — Gracias. La avisamos.
   — Bien. Adiós.

UNIDAD 3. ¿Dónde está?

Ejercicio 3

1. — ¿Diga?
   — ¿Está el señor Parera?
   — En este momento no está.

2. — ¿Diga?
   — ¿Está la señorita Lucía Borrás?
   — Sí, un momento, por favor.

3. — ¿Diga?
   — ¿Está Roberto Higueras?
   — ¿De parte de quién?
   — De Teresa Palma.

UNIDAD 4. ¿De quién es?

Ejercicio 5

ISABEL: Bueno, nos vamos…
MERCEDES: Espera, a ver… ¿De quién son estas cosas? Juan, ¿es tuya esta chaqueta?
JUAN: No, mi chaqueta es negra.
MERCEDES: Isabel, ¿es tuyo este abrigo?
ISABEL: No, mi abrigo es marrón.
MERCEDES: Entonces el abrigo blanco… ¿es tuyo, María?
MARÍA: Sí, es mío. Gracias.

Transcripción de la casete B

UNIDAD 5. ¿A dónde va Juan?

Ejercicio 9

1. — ¿Puedo fumar?
   — Sí, claro.

2. — ¿Hay cerveza en el frigorífico?
   — Sí, hay una.

3. — ¿Dónde hay una panadería?
   — No lo sé.

4. — ¿Quieres un café con leche?
   — Sí, gracias.

UNIDAD 6. De "tú", por favor

Ejercicio 4

1. — Oye, María, ¿dónde está el periódico?
   — Pero, Andrés, ¿qué estás haciendo?
   — Pues… estoy comiendo.
   — Eso veo. ¿Y no puedes esperar un poco? Estoy haciendo la comida.
   — Bueno, bueno… ¿Y el periódico?
   — Allí, en la mesa.

2. — ¿Dígame?
   — Hola, Elena. Soy mamá. ¿Qué tal?
   — Muy bien. ¿Cuándo volvéis?
   — Esta tarde. Y Rafael, ¿qué está haciendo?
   — Está viendo la tele. ¿Dónde está papá?
   — Está comprando una cosa para vosotros.
   — ¡Qué bien! ¿Qué es? ¿Chocolate?
   — Ah… Hasta luego. Un beso.
   — Adiós, mamá.

3. — Hola, buenas tardes. ¿Está Julio?
   — ¿De parte de quién?
   — Soy Isabel, su novia.
   — ¡Ah! Hola, Isabel. Mira, en este momento Julio no está en casa. Está trabajando. ¿Puedes llamar esta tarde?
   — Sí, sí. Muy bien. Gracias, adiós.
   — Adiós, adiós.

4. — ¿Diga?
   — ¡Hola, Juan! Soy Antonio. ¿Qué tal?
   — Bien. ¿Y tú?
   — Muy bien. Oye, ¿quieres venir al cine?
   — Ahora no puedo. Estoy estudiando. ¿Vamos esta noche?
   — De acuerdo. Hasta luego.
   — Hasta luego.

UNIDAD 7. ¿De dónde vienes?

Ejercicio 2

Mallorca es una isla del mar Mediterráneo con playas muy bonitas. Hay puertos deportivos donde se pueden practicar deportes náuticos: vela, surfing, esquí acuático...

Muchos turistas van allí de vacaciones. El rey de España y su familia pasan allí sus vacaciones de verano porque pueden hacer deporte o pasear en barco.

La ciudad más importante de las Baleares es Palma de Mallorca.

Se puede ir a Palma en avión o en barco. En Palma se puede visitar la catedral y el casco antiguo. En la zona comercial se puede comprar el producto típico de la isla: las perlas. En la alimentación, son típicas las ensaimadas y la sobrasada.

En estos momentos Palma es una de las ciudades más ricas de España.

Ejercicio 3

1. — Juan, ¿quieres cenar?
   — ¿Qué?
   — Que si quieres cenar.
   — ¡Ah, sí! Ya voy.

2. — "El tren Talgo procedente de Madrid va a efectuar su entrada por la vía cinco."
   — ¿Qué han dicho?
   — Que el tren de Madrid va a entrar por la vía cinco.

3. — Señorita, mis maletas no están aquí.
   — ¿De dónde viene?
   — ¿Cómo dice?
   — Que de dónde viene.
   — De Amsterdam.

Ejercicio 8

1. — Mari, hay rebajas en Modas Inglesas.
   — ¿Sí? ¿Y qué tal?
   — Muy buenas, hay chaquetas a novecientas noventa y cinco pesetas.
   — ¡Qué bien! ¿Cuándo vamos?

2. — Y este café de Guatemala, ¿cuánto cuesta?
   — Mil doscientas setenta y cinco pesetas.
   — ¡Qué caro!

3. — ¿Cuánto vale este disco?
   — Mil cien pesetas.
   — Me lo llevo.

Transcripción de la casete B

UNIDAD 8. Van a llegar

Ejercicio 1

1. — ¿De quién es el café?
   — Mío. ¿Cuánto es?

2. — ¿Puede hablar más alto, por favor?

3. — Déme "El País", por favor.
   — Son cien pesetas.

4. — Pase, pase.
   — No, no, usted primero.

UNIDAD 9. ¿Quién es ése?

Ejercicio 10

— ¿Quieres tomar algo antes de subir a casa? Podemos sentarnos aquí y ver a mis vecinos: a esta hora vienen todos a comer.
— De acuerdo.
— Mira, mira, el del traje gris es el señor Solana. Trabaja en un banco y vive solo, en el segundo derecha.
— ¿Y quién es la del balcón del segundo?
— Es la señora de Muñoz. Vive enfrente del señor Solana. Es una señora muy simpática.
— ¿Ese niño es también vecino tuyo?
— Sí, es el hijo de los García, del primero izquierda.
— Pero, ¿tú no vives en el primero?
— Sí, en el primero derecha, enfrente de los García.
— Y en el tercero, ¿quién vive?
— En el tercero derecha no lo sé, pero en el de la izquierda viven unos estudiantes. Mira, ahora llega uno de ellos, Javier, ese chico de la moto.

UNIDAD 10. ¿Qué día es hoy?

Ejercicio 6

— ¿Qué día es hoy?
— Miércoles.
— Sí, pero... ¿a qué estamos?
— A quince.
— ¿Sí?... Pues... ¡Felicidades! ¡Es tu cumpleaños!
— ¡Es verdad! Hoy es quince de febrero. Es mi cumpleaños. Gracias por felicitarme... ¡Vamos! Te invito a tomar una copa.
— ¡Vale!

UNIDAD 11. ¿Cuánto cuesta éste?

Ejercicio 7

— ¡Buenos días! ¿Qué desea?
— ¡Hola, buenos días! Quería unos pantalones tejanos.
— ¿Qué talla?
— No lo sé muy bien. La treinta y ocho o la cuarenta.
— ¿Qué le parecen éstos?
— Me gustan mucho. Son muy bonitos. ¿Cuánto cuestan?
— Siete mil quinientas pesetas.
— ¿Siete mil quinientas? ¡Qué caros! ¿No tiene otros más baratos?
— Sí, éstos, a cinco mil quinientas. Están rebajados.
— ¡Ah! Bien. ¿Puedo probármelos?
— Sí, claro. El probador está a la izquierda.

— ¿Qué tal?
— Éstos no me gustan nada. Me gustan más los de siete mil quinientas pesetas. Me los quedo.
— Muy bien. ¿Va a pagar con tarjeta o al contado?
— Con tarjeta.
— Muchas gracias. Hasta pronto.
— Hasta pronto, adiós.

UNIDAD 12. Pero, ¿qué es usted?

Ejercicio 1

Granada se encuentra en el sur de España, en Andalucía.

Está muy cerca de Sierra Nevada y allí se puede esquiar.

Es una ciudad donde hace calor en verano y frío en invierno.

En el Albaicín, barrio árabe de Granada, las casas están todas pintadas de color blanco.

Muchos turistas van a Granada durante todo el año para visitar la Alhambra.

La Alhambra es el palacio de los reyes árabes de Granada.

Junto a ella está el Generalife, palacio de verano, donde se encuentran los más bellos jardines de España.

La Alhambra es una muestra extraordinaria del arte árabe en España.

Transcripción de la casete B

Ejercicio 8

— Buenos días. Estamos en "Un día en su vida". Hoy nuestra invitada es Maribel Baño Azulosa, marquesa de los Baños Limpios, la mujer más elegante de España. Buenos días, señora marquesa.
— Buenos días, estoy encantada de estar aquí.
— Señora marquesa, la gente quiere saber cosas de usted. ¿Cómo es su vida?
— Mi vida es muy normal. Estoy casada y tengo una familia estupenda.
— ¿Tiene usted hijos?
— Sí, tengo cinco. Muy guapos todos.
— ¿Cuántos años tienen?
— Mi hijo mayor tiene veintiún años, mi hija mayor tiene veinte, el tercero tiene quince y las dos pequeñas tienen nueve y cinco años.
— Sabemos que tienen una casa nueva, más grande, ¿verdad?
— Sí. Más grande y muy bonita.
— ¿Cómo es?
— Pues tiene diez habitaciones, catorce cuartos de baño y un gimnasio. También tenemos piscina y un gran jardín.
— Una pregunta que todas las mujeres nos hacemos: ¿tiene usted muchos vestidos?
— Pues, exactamente, no sé cuántos, pero sí, muchos.
— Usted es una mujer que siempre viste muy bien. ¿Va a dedicarse a la moda?
— No, yo soy ama de casa. Cuido de mi familia y eso me gusta.
— Pues muchas gracias, señora marquesa… Y a ustedes… ¡Hasta mañana en "Un día en su vida"!

UNIDAD 13. ¿Tiene algo para la garganta?

Ejercicio 3

— ¿Vamos al cine esta noche?
— ¿A qué cine?
— Al que está en la plaza.
— ¿A qué hora vamos?
— A la sesión de las ocho y media.
— Y después, ¿dónde cenamos?
— Cerca del cine hay varios restaurantes. ¿Qué quieres cenar?
— No lo sé… ¿Hay algún restaurante chino?
— Sí, hay uno al otro lado de la plaza, enfrente del parque. Pero no es muy bueno.
— ¿Y una pizzería?
— Hay una delante del metro, en la plaza… Oye, si quieres vamos a un restaurante francés que hay al lado del cine.
— ¿A un restaurante francés? No, no, hoy no.
— Bueno, pues o vamos al chino o a la pizzería, o a uno nuevo que hay cerca de la farmacia.
— ¿En la plaza?
— No, justo enfrente de la farmacia.
— ¿Y qué tal es?
— No lo sé, no lo conozco. ¿Vamos y lo vemos?

REPASO 2

Ejercicio 5

— Emilio, ¿qué haces?
— Estoy mirando estas fotos, Laura. Oye, ¿quiénes son?
— ¡No me llames Laura! Llámame mamá.
— Vale… Pero los de la foto, ¿quiénes son?
— Ah, es la boda de Ana y Carlos.
— ¿La señora del vestido blanco es la tía Ana, la de Burgos?
— Sí, claro, mi hermana.
— ¡Pero si ahora es una señora gorda!
— ¡Ahora! Pero antes, no.
— Entonces, el de la barba es el tío Carlos.
— Sí, el marido de Ana.
— Y el de la izquierda, ¿quién es?
— Juan, el hermano de Carlos.
— Y esta señora de la derecha, ¿es la madre de Carlos o es mi abuela?
— Es tu abuela Adela.
— No la conozco.
— No. Tu abuela vive en Buenos Aires, y eso está muy lejos de Madrid.

Vocabulario

En esta lista se recogen sólo las palabras que no han aparecido en el Libro. Las palabras en *cursiva* han aparecido en el Cuaderno en unidades anteriores.

(m.) = masculino   *(f.)* = femenino   *(pl.)* = plural   *(v. i.)* = verbo irregular   *(adv.)* = adverbio

Unidad 1

bar *(m.)*	dedicarse	llamarse
cafetería *(f.)*	desayunar	mañana *(f.)*
calle *(f.)*	desayuno *(m.)*	mucho gusto
camarero, -a	dirección *(f.)*	nacionalidad *(f.)*
cena *(f.)*	estar *(v. i.)*	noche *(f.)*
cenar	familia *(f.)*	nombre *(m.)*
coche *(m.)*	fiesta *(f.)*	profesión *(f.)*
comer	gracias	restaurante *(m.)*
comida *(f.)*	hombre *(m.)*	tarde *(f.)*
compartimento *(m.)*	llamar	tren *(m.)*

Unidad 2

ahora *(adv.)*	estudiar	querer *(v. i.)*
aquí *(adv.)*	maleta *(f.)*	saludar
beso *(m.)*	nada	tarifa *(f.)*
carta *(f.)*	negro, -a	taxista *(m. y f.)*
casa *(f.)*	pasear	teléfono *(m.)*
cliente *(m. y f.)*	pedir *(v. i.)*	tener *(v. i.)*
coger (un taxi)	percepción *(f.)*	ver *(v. i.)*
color *(m.)*	policía *(m. y f.)*	
esperar	pronto *(adv.)*	

Unidad 3

ascensor *(m.)*	llevarse	seguir *(v. i.)*
cafetería (f.)	*maleta (f.)*	*teléfono (m.)*
catedral *(f.)*	papelera *(f.)*	torre *(f.)*
coger	*pedir (v.i.)*	trabajar
conocer(se) *(v. i.)*	pensar *(v. i.)*	trabajo *(m.)*
desayunar	plaza *(f.)*	*tren (m.)*
empresa *(f.)*	presentar	un momento
fuente *(f.)*	recepción *(f.)*	viaje *(m.)*
jardín *(m.)*	recoger	visitar

Unidad 4

abrigo *(m.)*	contestar	playa *(f.)*
apartamento *(m.)*	de acuerdo	*recepción (f.)*
azul *(m. y f.)*	guapo, -a	recepcionista *(m. y f.)*
bar (m.)	*llamar*	rojo, -a
blanco, -a	llave *(f.)*	vacaciones *(f. pl.)*
botones *(m. y f.)*	marrón *(m. y f.)*	verde *(m. y f.)*
cafetería (f.)	*negro, -a*	
cliente (m. y f.)	*noche (f.)*	

Vocabulario

UNIDAD 5

aceite *(m.)*	escuela *(f.)*	meta *(f.)*
armario *(m.)*	*fiesta (f.)*	pasar
avión *(m.)*	fin de semana *(m.)*	planchar
bar (m.)	frutería *(f.)*	plato *(m.)*
camisa *(f.)*	isla *(f.)*	*playa (f.)*
carrera *(f.)*	jugar al tenis *(v. i.)*	*recoger*
carretera *(f.)*	lata *(f.)*	ventana *(f.)*
ciudad *(f.)*	lavar	
colegio *(m.)*	limpiar	
comprar	maletero *(m.)*	
corredor, -a	mecánico *(m.)*	
encontrarse *(v. i.)*	medicina *(f.)*	
entrar	médico, -a	

• •

UNIDAD 6

alto, -a	*estudiar*	radio *(f.)*
apio *(m.)*	falda *(f.)*	*recepcionista (m. y f.)*
arena *(f.)*	familiar *(m. y f.)*	secarse
bailar	gafas de sol *(f. pl.)*	sol *(m.)*
bañarse	hablar	sombrilla *(f.)*
barco *(m.)*	hielo *(m.)*	toalla *(f.)*
beber	*llamar*	tomar el sol
bronceador *(m.)*	mar *(m.)*	*trabajar*
cena (f.)	molestar	traje de baño *(m.)*
contestar	música *(f.)*	
corto, -a	nadar	
dejar	pantalones *(m. pl.)*	
dormir *(v. i.)*	*pasear*	
ducharse	pelota *(f.)*	
esperar	policía *(m. y f.)*	

• •

UNIDAD 7

accidente *(m.)*	mar *(m.)*	turista *(m. y f.)*
alimentación *(f.)*	perderse *(v. i.)*	*vacaciones (f. pl.)*
avión (m.)	perla *(f.)*	vestido *(m.)*
bonito, -a	practicar	vía *(f.)*
cenar	puerto *(m.)*	*visitar*
color (m.)	regalo *(m.)*	zona comercial *(f.)*
deporte náutico *(m.)*	restaurante *(m.)*	
ensaimada *(f.)*	rico, -a	
familia (f.)	*rojo, -a*	
guardia *(m. y f.)*	sobrasada *(f.)*	
importante *(m. y f.)*	solo, -a	
isla (f.)	típico, -a	

Vocabulario

Unidad 8

aguja *(f.)*
alcohol *(m.)*
arreglar
caja de herramientas *(f.)*
carta (f.)
colegio (m.)
comida (f.)
coser
decidir
entender *(v. i.)*
enviar
escape de agua *(m.)*
extranjero *(m.)*
fontanero, -a

herida *(f.)*
hilo *(m.)*
limpiar
llevar
pagar
pantalones (m. pl.)
parada de autobús *(f.)*
pasear
peluquería *(f.)*
preparar
problema *(m.)*
próximo, -a
roto, -a
sello *(m.)*

supermercado *(m.)*
tarjeta *(f.)*
tarta *(f.)*

Repaso 1

bar (m.)
cenar
chino, -a
disfraz *(m.)*
fiesta (f.)
flor (f.)
regalar
vacaciones (f. pl.)

Unidad 9

accidente (m.)
actor, actriz
amarillo, -a
ayudante *(m. y f.)*
bandera *(f.)*
brazo *(m.)*
cable *(m.)*
cazadora *(f.)*

danés, -esa
estampado, -a
francés, -esa
griego, -a
guitarrista *(m. y f.)*
hoy *(adv.)*
jersey *(m.)*
llevar

músico *(m. y f.)*
simpático, -a
tocar la guitarra
trabajar
traje *(m.)*
traje de época *(m.)*
vaqueros *(m. pl.)*

Unidad 10

ahora (adv.)
año *(m.)*
bar (m.)
celebrar

cumplir (años)
febrero *(m.)*
felicidades *(f. pl.)*
felicitar

feliz cumpleaños
sorpresa *(f.)*

Unidad 11

almeja *(f.)*
barra *(f.)*
carnicería *(f.)*
casarse
cena (f.)
chándal *(m.)*
dar una vuelta *(v. i.)*
dependiente, -a
droguería *(f.)*
enamorado, -a
estanco *(m.)*
fresa *(f.)*

frutería (f.)
langostino *(m.)*
librería *(f.)*
medicamento *(m.)*
mejillón *(m.)*
pagar
panadería *(f.)*
pastelería *(f.)*
pedir (v. i.)
pescadería *(f.)*
pescadero, -a
pollería *(f.)*

probador *(m.)*
producto de
 limpieza *(m.)*
quiosco *(m.)*
rebajado, -a
regalar
supermercado (m.)
talla *(f.)*
tarjeta (f.)
tejanos *(m. pl.)*
tienda *(f.)*
tíquet *(m.)*

Vocabulario

Unidad 12

actor, actriz
árabe *(m. y f.)*
arreglar
arte *(m.)*
atrapar
barrio *(m.)*
bello, -a
calor *(m.)*
cambiar
carta (f.)
cerca *(adv.)*
comida (f.)
cuidar
curar

defender *(v. i.)*
diente *(m.)*
dormitorio *(m.)*
enfermedad *(f.)*
enfermo, -a
enseñar
esquiar
frío *(m.)*
guía *(m. y f.)*
invierno *(m.)*
ladrón, -ona
ley *(f.)*
noticia *(f.)*
palacio *(m.)*

piscina *(f.)*
piso *(m.)*
policía (m. y f.)
repartir
servir *(v. i.)*
sur *(m.)*
terraza *(f.)*
tienda (f.)
turista (m. y f.)
vender
verano *(m.)*
visitar

Unidad 13

almendra *(f.)*
bacalao *(m.)*
besugo *(m.)*
calidad *(f.)*
cena (f.)
cenar
chino, -a
chuletón *(m.)*
cocina (casera, regional) *(f.)*
copa *(f.)*
crema *(f.)*
doler *(v. i.)*
dormir (v.i.)
dulce *(m.)*
entrecot *(m.)*
equivocación *(f.)*
espárrago *(m.)*
excursión *(f.)*

farmacéutico, -a
flan *(m.)*
fuerte *(m. y f.)*
guía (m. y f.)
jarra *(f.)*
lubina *(f.)*
mantel *(m.)*
marisco *(m.)*
melón *(m.)*
merluza *(f.)*
metro *(m.)*
negocio *(m.)*
nuez *(f.)*
pastilla *(f.)*
pato *(m.)*
plato (m.)
puerro *(m.)*
salmón ahumado *(m.)*
servilleta *(f.)*

solomillo *(m.)*
tapas *(f. pl.)*
verdura *(f.)*
visitar

Repaso 2

aceituna *(f.)*
actor, actriz
arroz *(m.)*
cebolla *(f.)*
droguería (f.)
información *(f.)*
limpiar
papelería *(f.)*
pedir permiso *(v. i.)*
tienda (f.)